The Collected Works of Dionysios
Solomos
Dionysios Solomos

The Collected Works of Dionysios Solomos
Copyright © JiaHu Books 2014
First Published in Great Britain in 2014 by Jiahu Books – part of
Richardson-Prachai Solutions Ltd, 34 Egerton Gate, Milton Keynes,
MK5 7HH
ISBN: 978-1-78435-053-6
A CIP catalogue record for this book is available from the British
Library
Visit us at: jiahubooks.co.uk

3

Ὁ Ὕμνος εἰς τὴν Ἐλευθερίαν

Libertà vo cantando, ch' è si cara
come sa chi per lei vita rifiuta.

Dante

1
Σὲ γνωρίζω ἀπὸ τὴν κόψη
τοῦ σπαθιοῦ τὴν τρομερή,
σὲ γνωρίζω ἀπὸ τὴν ὄψη,
ποῦ μὲ βία μετράει τὴ γῆ.

2
Ἀπ᾿ τὰ κόκαλα βγαλμένη
τῶν Ἑλλήνων τὰ ἱερά,
καὶ σὰν πρῶτα ἀνδρειωμένη,
χαῖρε, ὦ χαῖρε, Ἐλευθεριά!

3
Ἐκεῖ μέσα ἐκατοικοῦσες
πικραμένη, ἐντροπαλή,
κι ἕνα στόμα ἀκαρτεροῦσες,
«ἔλα πάλι», νὰ σοῦ πῆ.

4
Ἄργειε νά ᾿λθη ἐκείνη ἡ μέρα
κι ἦταν ὅλα σιωπηλά,
γιατὶ τά ᾿σκιαζε ἡ φοβέρα
καὶ τὰ πλάκωνε ἡ σκλαβιά.

5
Δυστυχής! Παρηγορία
μόνη σου ἔμεινε νὰ λὲς
περασμένα μεγαλεῖα

καὶ διηγώντας τα νὰ κλαῖς.

6

Καὶ ἀκαρτέρει, καὶ ἀκαρτέρει
φιλελεύθερη λαλιά,
ἕνα ἐκτύπαε τ᾿ ἄλλο χέρι
ἀπὸ τὴν ἀπελπισιά,

7

κι ἔλεες «πότε, ἄ! πότε βγάνω
τὸ κεφάλι ἀπὸ τς ἐρμιές;»
Καὶ ἀποκρίνοντο ἀπὸ πάνω
κλάψες, ἄλυσες, φωνές.

8

Τότε ἐσήκωνες τὸ βλέμμα
μὲς στὰ κλάιματα θολό,
καὶ εἰς τὸ ροῦχο σου ἔσταζ᾿ αἷμα
πλῆθος αἷμα ἑλληνικό.

9

Μὲ τὰ ροῦχα αἱματωμένα
ξέρω ὅτι ἔβγαινες κρυφὰ
νὰ γυρεύῃς εἰς τὰ ξένα
ἄλλα χέρια δυνατά.

10

Μοναχὴ τὸ δρόμο ἐπῆρες,
ἐξανάλθες μοναχή,
δὲν εἶν᾿ εὔκολες οἱ θύρες,
ἐὰν ἡ χρεία τὲς κουρταλῇ.

11

Ἄλλος σου ἔκλαψε εἰς τὰ στήθια
ἀλλ᾿ ἀνάσασιν καμιὰ
ἄλλος σοῦ ἔταξε βοήθεια
καὶ σὲ γέλασε φρικτά.

12

Ἄλλοι, ὀϊμέ! στὴ συμφορά σου,
ὅπου ἐχαίροντο πολύ,
«σύρε νά ᾿βρῃς τὰ παιδιά σου,
σύρε», ἐλέγαν οἱ σκληροί.

13
Φεύγει ὀπίσω τὸ ποδάρι
καὶ ὁλογλήγορο πατεῖ
ἢ τὴν πέτρα ἢ τὸ χορτάρι
ποὺ τὴ δόξα σου ἐνθυμεῖ.
14
Ταπεινότατή σου γέρνει
ἡ τρισάθλια κεφαλή,
σὰν πτωχοῦ ποὺ θυροδέρνει
κι εἶναι βάρος του ἡ ζωή.
15
Ναί· ἀλλὰ τώρα ἀντιπαλεύει
κάθε τέκνο σου μὲ ὁρμή,
ποὺ ἀκατάπαυστα γυρεύει
ἢ τὴ νίκη ἢ τὴ θανή!
16
Ἀπ᾿ τὰ κόκαλα βγαλμένη
τῶν Ἑλλήνων τὰ ἱερά,
καὶ σὰν πρῶτα ἀνδρειωμένη
χαῖρε, ὦ χαῖρε, Ἐλευθεριά!
17
Μόλις εἶδε τὴν ὁρμή σου
ὁ οὐρανός, ποὺ γιὰ τ᾿ς ἐχθροὺς
εἰς τὴ γῆ τὴ μητρική σου
ἔτρεφ᾿ ἄνθια καὶ καρπούς,
18
ἐγαλήνευσε καὶ ἐχύθη
καταχθόνια μία βοὴ
καὶ τοῦ Ρήγα σου ἀπεκρίθη
πολεμόκραχτη ἡ φωνή
19
ὅλοι οἱ τόποι σου σ᾿ ἐκράξαν
χαιρετώντας σε θερμά,
καὶ τὰ στόματα ἐφωνάξαν,
ὅσα αἰσθάνετο ἡ καρδιά.

20

Ἐφωνάξανε ὡς τ᾽ ἀστέρια
τοῦ Ἰονίου καὶ τὰ νησιά,
καὶ ἐσηκώσανε τὰ χέρια,
γιὰ νὰ δείξουνε χαρά,

21

μ᾽ ὅλον πού ᾽ναι ἁλυσωμένο
τὸ καθένα τεχνικὰ
καὶ εἰς τὸ μέτωπο γραμμένο
ἔχει: ψεύτρα Ἐλευθεριά.

22

Γκαρδιακὰ χαροποιήθη
καὶ τοῦ Βάσιγκτον ἡ γῆ
καὶ τὰ σίδερα ἐνθυμήθη
ποῦ τὴν ἔδεναν κι αὐτή.

23

Ἀπ᾽ τὸν πύργο του φωνάζει,
σὰ νὰ λέῃ «σὲ χαιρετῶ»,
καὶ τὴ χήτη του τινάζει
τὸ Λεοντάρι τὸ Ἰσπανό.

24

Ἐλαφιάσθη τῆς Ἀγγλίας
τὸ θηρίο καὶ σέρνει εὐθὺς
κατὰ τ᾽ ἄκρα τῆς Ρουσίας
τὰ μουγκρίσματα τ᾽ς ὀργῆς.

25

Εἰς τὸ κίνημά του δείχνει
πὼς τὰ μέλη εἶν᾽ δυνατὰ
καὶ στοῦ Αἰγαίου τὸ κῦμα ρίχνει
μία σπιθόβολη ματιά.

26

Σὲ ξανοίγει ἀπὸ τὰ νέφη
καὶ τὸ μάτι τοῦ Ἀετοῦ,
ποὺ φτερὰ καὶ νύχια θρέφει
μὲ τὰ σπλάχνα τοῦ Ἰταλοῦ·

27
καὶ σ᾿ ἐσὲ καταγειρμένος,
γιατὶ πάντα σὲ μισεῖ,
ἔκρωζ᾿, ἔκρωζε ὁ σκασμένος,
νὰ σὲ βλάψῃ, ἂν ἠμπορῇ.

28
Ἄλλο ἐσὺ δὲν συλλογιέσαι
πάρεξ ποὺ θὰ πρωτοπᾷς
δὲν μιλεῖς καὶ δὲν κουνιέσαι
στὲς βρισίες ὅπου ἀγρικᾷς·

29
σὰν τὸ βράχον ὅπου ἀφήνει
κάθε ἀκάθαρτο νερὸ
εἰς τὰ πόδια του νὰ χύνῃ
εὐκολόσβηστον ἀφρό,

30
ὅπου ἀφήνει ἀνεμοζάλη
καὶ χαλάζι καὶ βροχὴ
νὰ τοῦ δέρνουν τὴ μεγάλη,
τὴν αἰώνια κορυφή.

31
Δυστυχιά του, ὦ δυστυχιά του,
ὅποιανοῦ θέλει βρεθῇ
στὸ μαχαῖρι σου ἀποκάτου
καὶ σ᾿ ἐκεῖνο ἀντισταθῇ.

32
Τὸ θηρίο, π᾿ ἀνανογιέται
πῶς τοῦ λείπουν τὰ μικρά,
περιορίζεται, πετιέται,
αἷμα ἀνθρώπινο διψᾷ.

33
Τρέχει, τρέχει ὅλα τὰ δάση,
τὰ λαγκάδια, τὰ βουνά,
καὶ ὅπου φθάσῃ, ὅπου περάσῃ
φρίκη, θάνατος, ἐρμιά·

34
ἐρμιά, θάνατος καὶ φρίκη,
ὅπου ἐπέρασες κι ἐσύ·
ξίφος ἔξω ἀπὸ τὴν θήκη
πλέον ἀνδρείαν σοῦ προξενεῖ.
35
Ἰδοὺ ἐμπρός σου ὁ τοῖχος στέκει
τῆς ἀθλίας Τριπολιτσᾶς·
τώρα τρόμου ἀστροπελέκι
νὰ τῆς ῥίψῃς πιθυμᾶς.
36
Μεγαλόψυχο τὸ μάτι
δείχνει πάντα ὅπως νικεῖ,
καὶ ἂς εἶναι ἄρματα γεμάτη
καὶ πολέμιαν χλαλοή.
37
Σοὺ προβαίνουνε καὶ τρίζουν,
γιὰ νὰ ἰδῆς πὼς εἶν᾿ πολλὰ
δὲν ἀκοῦς ποὺ φοβερίζουν
ἄνδρες μύριοι καὶ παιδιά;
38
Λίγα μάτια, λίγα στόματα
θὰ σᾶς μείνουνε ἀνοιχτά,
γιὰ νὰ κλαύσετε τὰ σώματα,
ποὺ θὲ ναὕρῃ ἡ συμφορά.
39
Κατεβαίνουνε, καὶ ἀνάφτει
τοῦ πολέμου ἀναλαμπή·
τὸ τουφέκι ἀνάβει, ἀστράφτει,
λάμπει, κόφτει τὸ σπαθί.
40
Γιατί ἡ μάχη ἐστάθη ὀλίγη;
λίγα τὰ αἵματα γιατί;
τὸν ἐχθρὸ θωρῶ νὰ φύγῃ
καὶ στὸ κάστρο ν᾿ ἀνεβῆ.

41
Μέτρα! εἶν᾿ ἄπειροι οἱ φευγάτοι,
ὅπου φεύγοντας δειλιοῦν·
τὰ λαβώματα στὴν πλάτη
δέχοντ᾿, ὥστε ν᾿ ἀνεβοῦν.

42
Ἐκεῖ μέσα ἀκαρτερεῖτε
τὴν ἀφεύγατη φθορά·
νά, σᾶς φθάνει· ἀποκριθῆτε
στῆς νυκτὸς τὴ σκοτεινιά.

43
Ἀποκρίνονται, καὶ ἡ μάχη
ἔτσι ἀρχίζει, ὅπου μακριὰ
ἀπὸ ράχη ἐκεῖ σὲ ράχη
ἀντιβούιζε φοβερά.

44
Ἀκούω κούφια τὰ τουφέκια,
ἀκούω σμίξιμο σπαθιῶν,
ἀκούω ξύλα, ἀκούω πελέκια,
ἀκούω τρίξιμο δοντιῶν.

45
Ἄ! τί νύκτα ἦταν ἐκείνη
ποὺ τὴν τρέμει ὁ λογισμός;
Ἄλλος ὕπνος δὲν ἐγίνη
πάρεξ θάνατου πικρός.

46
Τῆς σκηνῆς ἡ ὥρα, ὁ τόπος,
οἱ κραυγές, ἡ ταραχή,
ὁ σκληρόψυχος ὁ τρόπος
τοῦ πολέμου, καὶ οἱ καπνοί,

47
καὶ οἱ βροντές, καὶ τὸ σκοτάδι,
ὅπου ἀντίσκοφτε ἡ φωτιά,
ἐπαράσταιναν τὸν ἄδη
ποὺ ἀκαρτέρειε τὰ σκυλιά·

11

48
τ᾿ ἀκαρτέρειε. ἐφαίνοντ᾿ ἴσκιοι
ἀναρίθμητοι γυμνοί,
κόρες, γέροντες, νεανίσκοι,
βρέφη ἀκόμη εἰς τὸ βυζί.
49
Ὅλη μαύρη μυρμηγκιάζει,
μαύρη ἡ ἐντάφια συντροφιά,
σὰν τὸ ροῦχο ὁποὺσκεπάζει
τὰ κρεββάτια τὰ στερνά.
50
Τόσοι, τόσοι ἀνταμωμένοι
ἐπετιοῦντο ἀπὸ τὴ γῆ,
ὅσοι εἶν᾿ ἄδικα σφαγμένοι
ἀπὸ τούρκικην ὀργή.
51
Τόσα πέφτουνε τὰ θέρι-
σμένα ἀστάχια εἰς τοὺς ἀγρούς·
σχεδὸν ὅλα ἐκειὰ τὰ μέρη
ἐσκεπάζοντο ἀπ᾿ αὐτούς.
52
Θαμποφέγγει κανέν᾿ ἄστρο,
καὶ ἀναδεύοντο μαζί,
ἀναβαίνοντας τὸ κάστρο
μὲ νεκρώσιμη σιωπή.
53
Ἔτσι χάμου εἰς τὴν πεδιάδα,
μὲς στὸ δάσος τὸ πυκνό,
ὅταν στέλνῃ μίαν ἀχνάδα
μισοφέγγαρο χλωμό,
54
ἐὰν οἱ ἄνεμοι μὲς στ᾿ ἄδεια
τὰ κλαδιὰ μουγκοφυσοῦν,
σειοῦνται, σειοῦνται τὰ μαυράδια,
ὅπου οἱ κλῶνοι ἀντικτυποῦν.

55
Μὲ τὰ μάτια τους γυρεύουν
ὅπου εἶν᾽ αἵματα πηχτά,
καὶ μὲς στ᾽ αἵματα χορεύουν
μὲ βρυχίσματα βραχνά,
56
καὶ χορεύοντας μανίζουν
εἰς τοὺς Ἕλληνας κοντά,
καὶ τὰ στήθια τους ἐγγίζουν
μὲ τὰ χέρια τὰ ψυχρά.
57
Ἐκειὸ τὸ ἔγγισμα πηγαίνει
βαθιὰ μὲς στὰ σωθικά,
ὅθεν ὅλη ἡ λύπη βγαίνει,
καὶ ἄκρα αἰσθάνονται ἀσπλαχνιά.
58
Τότε αὐξαίνει τοῦ πολέμου
ὁ χορὸς τρομακτικά,
σὰν τὸ σκόρπισμα τοῦ ἀνέμου
στοῦ πελάου τὴ μοναξιά.
59
Κτυποῦν ὅλοι ἀπάνου κάτου·
κάθε κτύπημα ποὺ ἐβγῆ
εἶναι κτύπημα θανάτου,
χωρὶς νὰ δευτερωθῆ.
60
Κάθε σῶμα ἱδρώνει, ῥέει
λὲς καὶ ἐκεῖθεν ἡ ψυχὴ
ἀπ᾽ τὸ μῖσος ποὺ τὴν καίει
πολεμάει νὰ πεταχθῆ.
61
Τῆς καρδίας κτυπίες βροντᾶνε
μὲς στὰ στήθια τους ἀργά,
καὶ τὰ χέρια ὁποὺ χουμᾶνε
περισσότερο εἶν᾽ γοργά.

62
Οὐρανὸς γι᾽ αὐτοὺς δὲν εἶναι,
οὐδὲ πέλαο, οὐδὲ γῆ·
γι᾽ αὐτοὺς ὅλους τὸ πᾶν εἶναι
μαζωμένο ἀντάμα ἐκεῖ.
63
Τόση ἡ μάνητα καὶ ἡ ζάλη,
ποὺ στοχάζεσαι, μὴ πὼς
ἀπὸ μία μεριὰ καὶ ἀπ᾽ ἄλλη
δὲν μείνη ἕνας ζωντανός.
64
Κοίτα χέρια ἀπελπισμένα
πῶς θερίζουνε ζωές!
Χάμου πέφτουνε κομμένα
χέρια, πόδια, κεφαλές,
65
καὶ παλάσκες καὶ σπαθία
μὲ ὁλοσκόρπιστα μυαλά,
καὶ μὲ ὁλόσχιστα κρανία
σωθικὰ λαχταριστά.
66
Προσοχὴ καμία δὲν κάνει
κανείς, ὄχι, εἰς τὴ σφαγὴ
πᾶνε πάντα ἐμπρός. Ὦ! φθάνει,
φθάνει ἕως πότε οἱ σκοτωμοί;
67
Ποῖος ἀφήνει ἐκεῖ τὸν τόπο,
πάρεξ ὅταν ξαπλωθῇ;
Δὲν αἰσθάνονται τὸν κόπο
καὶ λὲς κι εἶναι εἰς τὴν ἀρχή.
68
Ὀλιγόστευαν οἱ σκύλοι,
καὶ «Ἀλλά» ἐφώναζαν, «Ἀλλά»
καὶ τῶν χριστιανῶν τὰ χείλη
«φωτιά» ἐφώναζαν, «φωτιά».

69
Λεονταρόψυχα ἐκτυπιοῦντο,
πάντα ἐφώναζαν «φωτιά»,
καὶ οἱ μιαροὶ κατασκορπιοῦντο,
πάντα σκούζοντας «Ἀλλά».

70
Παντοῦ φόβος καὶ τρομάρα
καὶ φωνὲς καὶ στεναγμοί·
παντοῦ κλάψα, παντοῦ ἀντάρα,
καὶ παντοῦ ξεψυχισμοί.

71
Ἦταν τόσοι! πλέον τὸ βόλι
εἰς τ᾽ αὐτιὰ δὲν τοὺς λαλεῖ.
Ὅλοι χάμου ἐκείτοντ᾽ ὅλοι
εἰς τὴν τέταρτην αὐγή.

72
Σὰν ποτάμι τὸ αἷμα ἐγίνη
καὶ κυλάει στὴ λαγκαδιά,
καὶ τὸ ἀθῷο χόρτο πίνει
αἷμα ἀντὶς γιὰ τὴ δροσιά.

73
Τῆς αὐγῆς δροσάτο ἀέρι,
δὲν φυσᾷς τώρα ἐσὺ πλιὸ
στῶν ψευδόπιστων τὸ ἀστέρι
φύσα, φύσα εἰς τὸ Σταυρό.

74
Ἀπ᾽ τὰ κόκαλα βγαλμένη
τῶν Ἑλλήνων τὰ ἱερά,
καὶ σὰν πρῶτα ἀνδρειωμένη,
χαῖρε, ὦ χαῖρε, Ἐλευθεριά!

75
Τῆς Κορίνθου ἰδοὺ καὶ οἱ κάμποι
δὲν λάμπ᾽ ἥλιος μοναχὰ
εἰς τοὺς πλάτανους, δὲν λάμπει
εἰς τ᾽ ἀμπέλια, εἰς τὰ νερά·

76
εἰς τὸν ἥσυχον αἰθέρα
τώρα ἀθῷα δὲν ἀντηχεῖ
τὰ λαλήματα ἡ φλογέρα,
τὰ βελάσματα τὸ ἀρνί·
77
τρέχουν ἅρματα χιλιάδες
σὰν τὸ κῦμα εἰς τὸ γιαλὸ
ἀλλ᾽ οἱ ἀνδρεῖοι παλικαράδες
δὲν ψηφοῦν τὸν ἀριθμό.
78
Ὦ τρακόσιοι! σηκωθῆτε
καὶ ξανάλθετε σ᾽ ἐμᾶς·
τὰ παιδιά σας θέλ᾽ ἰδῆτε
πόσο μοιάζουνε μ᾽ ἐσᾶς.
79
Ὅλοι ἐκεῖνοι τὰ φοβοῦνται,
καὶ μὲ πάτημα τυφλὸ
εἰς τὴν Κόρινθο ἀποκλειοῦνται
κι ὅλοι χάνουνται ἀπ᾽ ἐδῶ.
80
Στέλνει ὁ ἄγγελος τοῦ ὀλέθρου
πεῖναν καὶ θανατικὸ
ποῦ σὲ σχῆμα ἑνὸς σκελέθρου
περπατοῦν ἀντάμα οἱ δυό·
81
καὶ πεσμένα εἰς τὰ χορτάρια
ἀπεθαίνανε παντοῦ
τὰ θλιμμένα ἀπομεινάρια
τῆς φυγῆς καὶ τοῦ χαμοῦ.
82
Καὶ ἐσὺ ἀθάνατη, ἐσὺ θεία,
ποῦ ὅ,τι θέλεις ἠμπορεῖς,
εἰς τὸν κάμπο, Ἐλευθερία,
ματωμένη περπατεῖς.

83
Στὴ σκιὰ χεροπιασμένες,
στὴ σκιὰ βλέπω κι ἐγὼ
κρινοδάκτυλες παρθένες,
ὅπου κάνουνε χορό·
84
στὸ χορὸ γλυκογυρίζουν
ὡραία μάτια ἐρωτικά,
καὶ εἰς τὴν αὔρα κυματίζουν
μαῦρα, ὁλόχρυσα μαλλιά.
85
Ἡ ψυχή μου ἀναγαλλιάζει
πὼς ὁ κόρφος καθεμιᾶς
γλυκοβύζαστο ἑτοιμάζει
γάλα ἀνδρείας καὶ ἐλευθεριᾶς.
86
Μὲς στὰ χόρτα, τὰ λουλούδια,
τὸ ποτήρι δὲν βαστῶ·
φιλελεύθερα τραγούδια
σὰν τὸν Πίνδαρο ἐκφωνῶ.
87
Ἀπ᾽ τὰ κόκαλα βγαλμένη
τῶν Ἑλλήνων τὰ ἱερά,
καὶ σὰν πρῶτα ἀνδρειωμένη,
χαῖρε, ὢ χαῖρε, Ἐλευθεριά!
88
Πῆγες εἰς τὸ Μεσολόγγι
τὴν ἡμέρα τοῦ Χριστοῦ,
μέρα ποὺ ἄνθισαν οἱ λόγγοι
γιὰ τὸ τέκνο τοῦ Θεοῦ.
89
Σοῦλθε ἐμπρὸς λαμποκοπώντας
ἡ Θρησκεία μ᾽ ἕνα σταυρὸ
καὶ τὸ δάκτυλο κινώντας
ὅπου ἀνεῖ τὸν οὐρανό,

90
«σ᾽ αὐτό», ἐφώναξε, «τὸ χῶμα
στάσου ὁλόρθη, Ἐλευθεριά»·
καὶ φιλώντας σου τὸ στόμα
μπαίνει μὲς στὴν ἐκκλησιά.
91
Εἰς τὴν τράπεζα σιμώνει,
καὶ τὸ σύγνεφο τὸ ἀχνὸ
γύρω γύρω της πυκνώνει
ποὺ σκορπάει τὸ θυμιατό.
92
Ἀγρικάει τὴν ψαλμῳδία
ὁποὺ ἐδίδαξεν αὐτή·
βλέπει τὴ φωταγωγία
στοὺς ἁγίους ἐμπρὸς χυτή.
93
Ποιοὶ εἶν᾽ αὐτοὶ ποὺ πλησιάζουν
μὲ πολλὴ ποδοβολή,
κι ἄρματ᾽, ἄρματα ταράζουν;
Ἐπετάχτηκες Ἐσύ.
94
Ἄ! τὸ φῶς, ποὺ σὲ στολίζει
σὰν ἡλίου φεγγοβολὴ
καὶ μακρόθεν σπινθηρίζει,
δὲν εἶναι, ὄχι, ἀπὸ τὴ γῆ·
95
λάμψιν ἔχει ὅλη φλογώδη
χεῖλος, μέτωπο, ὀφθαλμός·
φῶς τὸ χέρι, φῶς τὸ πόδι,
κι ὅλα γύρω σου εἶναι φῶς.
96
Τὸ σπαθί σου ἀντισηκώνεις,
τρία πατήματα πατᾷς,
σὰν τὸν πύργο μεγαλώνεις,
καὶ εἰς τὸ τέταρτο κτυπᾷς·

97
μὲ φωνὴ ποὺ καταπείθει
προχωρώντας ὁμιλεῖς·
«Σήμερ᾽, ἄπιστοι, ἐγεννήθη,
ναί, τοῦ κόσμου ὁ Λυτρωτής».
98
Αὐτὸς λέγει... «Ἀφοκρασθῆτε
Ἐγὼ εἶμ᾽ Ἄλφα, Ὠμέγα ἐγώ·
πέστε, ποῦ θ᾽ ἀποκρυφθῆτε
ἐσεῖς ὅλοι, ἂν ὀργισθῶ;
99
»Φλόγα ἀκοίμητήν σας βρέχω,
ποὺ μ᾽ αὐτὴν ἂν συγκριθῇ
κείνη ἡ κάτω ὅπου σας ἔχω
σὰν δροσιὰ θέλει βρεθῇ.
100
»Κατατρώγει, ὡσὰν τὴ σχίζα,
τόπους ἄμετρα ὑψηλούς,
χῶρες, ὄρη ἀπὸ τὴ ῥίζα,
ζῷα καὶ δένδρα καὶ θνητούς,
101
»καὶ τὸ πᾶν τὸ κατακαίει,
καὶ δὲν σῴζεται πνοή,
πάρεξ τοῦ ἀνέμου ποὺ πνέει
μὲς στὴ στάχτη τὴ λεπτή».
102
Κάποιος ἤθελε ἐρωτήσει:
τοῦ θυμοῦ του εἶσαι ἀδελφή;
Ποῖος εἶν᾽ ἄξιος νὰ νικήσῃ
ἢ μ᾽ ἐσὲ νὰ μετρηθῇ;
103
Ἡ γῆ αἰσθάνεται τὴν τόση
τοῦ χεριοῦ σου ἀνδραγαθιά,
ποὺ ὅλην θέλει θανατώσῃ
τὴ μισόχριστη σπορά.

104
Τὴν αἰσθάνονται, καὶ ἀφρίζουν
τὰ νερά, καὶ τ᾽ ἀγρικῶ
δυνατὰ νὰ μουρμουρίζουν
σὰν νὰ ρυάζετο θηριό.
105
Κακορίζικοι, ποὺ πᾶτε
τοῦ Ἀχελώου μὲς στὴ ροή,
καὶ πιδέξια πολεμᾶτε
ἀπὸ τὴν καταδρομὴ
106
ν᾽ ἀποφύγετε! τὸ κῦμα
ἔγινε ὅλο φουσκωτό·
ἐκεῖ εὑρήκατε τὸ μνῆμα
πρὶν νὰ εὑρῆτε ἀφανισμό.
107
Βλασφημάει, σκούζει, μουγκρίζει
κάθε λάρυγγας ἐχθροῦ,
καὶ τὸ ρεῦμα γαργαρίζει
τὲς βλασφήμιες τοῦ θυμοῦ.
108
Σφαλερὰ τετραποδίζουν
πλῆθος ἄλογα, καὶ ὀρθὰ
τρομασμένα χλιμιτρίζουν
καὶ πατοῦν εἰς τὰ κορμιά.
109
Ποῖος στὸν σύντροφον ἁπλώνει
χέρι, ὡσὰν νὰ βοηθηθῆ·
ποῖος τὴ σάρκα του δαγκώνει,
ὅσο ὅπου νὰ νεκρωθῆ·
110
κεφαλὲς ἀπελπισμένες
μὲ τὰ μάτια πεταχτά,
κατὰ τ᾽ ἄστρα σηκωμένες
γιὰ τὴν ὕστερη φορά.

111
Σβήέται -αὐξαίνοντας ἡ πρώτη
τοῦ Ἀχελώου νεροσυρμή-
τὸ χλιμίτρισμα, καὶ οἱ κρότοι
καὶ τοῦ ἀνθρώπου οἱ γογγυσμοί.

112
Ἔτσι ν᾽ ἄκουα νὰ βουίξῃ
τὸν βαθὺν Ὠκεανό,
καὶ στὸ κῦμα του νὰ πνίξῃ
κάθε σπέρμα Ἀγαρηνό·
113
Καὶ ἐκεῖ ποὖναι ἡ Ἁγία Σοφία,
μὲς στοὺς λόφους τοὺς ἑπτά,
ὅλα τ᾽ ἄψυχα κορμία,
βραχοσύντριφτα, γυμνά,
114
σωριασμένα νὰ τὰ σπρώξῃ
ἡ κατάρα τοῦ Θεοῦ,
κι ἀπ᾽ ἐκεῖ νὰ τὰ μαζώξῃ
ὁ ἀδελφός του Φεγγαριοῦ.

115
Κάθε πέτρα μνῆμα ἂς γένῃ,
καὶ ἡ Θρησκεία κι ἡ Ἐλευθεριὰ
μ᾽ ἀργοπάτημα ἂς πηγαίνῃ
μεταξύ τους, καὶ ἂς μετρᾷ.

116
Ἕνα λείψανο ἀνεβαίνει
τεντωτό, πιστομητό,
κι ἄλλο ξάφνου κατεβαίνει
καὶ δὲν φαίνεται καὶ πλιό.

117
Καὶ χειρότερα ἀγριεύει
καὶ φουσκώνει ὁ ποταμός·
πάντα πάντα περισσεύει
πολυφλοίσβισμα καὶ ἀφρός.

118
Ἄ! γιατί δὲν ἔχω τώρα
τὴ φωνὴ τοῦ Μωυσῆ;
Μεγαλόφωνα, τὴν ὥρα
ὅπου ἐσβηοῦντο οἱ μισητοί,
119
τὸν Θεὸν εὐχαριστοῦσε
στοῦ πελάου τὴ λύσσα ἐμπρός,
καὶ τὰ λόγια ἠχολογοῦσε
ἀναρίθμητος λαός·
120
ἀκλουθάει τὴν ἁρμονία
ἡ ἀδελφή του Ἀαρών,
ἡ προφήτισσα Μαρία,
μ᾽ ἕνα τύμπανο τερπνόν,
121
καὶ πηδοῦν ὅλες οἱ κόρες
μὲ τς ἀγκάλες ἀνοικτές,
τραγουδώντας, ἀνθοφόρες,
μὲ τὰ τύμπανα κι ἐκειές.
122
Σὲ γνωρίζω ἀπὸ τὴν κόψη
τοῦ σπαθιοῦ τὴν τρομερή,
σὲ γνωρίζω ἀπὸ τὴν ὄψη,
ποῦ μὲ βία μετράει τὴ γῆ.
123
Εἰς αὐτήν, εἶν᾽ ξακουσμένο,
δὲν νικιέσαι ἐσὺ ποτέ·
ὅμως, ὄχι, δὲν εἶν᾽ ξένο
καὶ τὸ πέλαγο γιὰ σέ.
124
Τὸ στοιχεῖον αὐτὸ ξαπλώνει
κύματ᾽ ἄπειρα εἰς τὴ γῆ,
μὲ τὰ ὁποῖα τὴν περιζώνει
κι εἶναι εἰκόνα σου λαμπρή.

125
Μὲ βρυχίσματα σαλεύει,
ποὺ τρομάζει ἡ ἀκοὴ
κάθε ξύλο κινδυνεύει
καὶ λιμιώνα ἀναζητεῖ.
126
Φαίνετ᾽ ἔπειτα ἡ γαλήνη
καὶ τὸ λάμψιμο τοῦ ἡλιοῦ,
καὶ τὰ χρώματα ἀναδίνει
τοῦ γλαυκότατου οὐρανοῦ.
127
Δὲν νικιέσαι, εἶν᾽ ξακουσμένο,
στὴν ξηρὰν ἐσὺ ποτὲ
ὅμως, ὄχι, δὲν εἶν᾽ ξένο
καὶ τὸ πέλαγο γιὰ σέ.
128
Περνοῦν ἄπειρα τὰ ξάρτια,
καὶ σὰν λόγγος στριμωχτὰ
τὰ τρεχούμενα κατάρτια,
τὰ ὁλοφούσκωτα πανιά.
129
Σὺ τὲς δύναμές σου σπρώχνεις,
καὶ ἀγκαλὰ δὲν εἶν᾽ πολλές,
πολεμώντας ἄλλα διώχνεις,
ἄλλα παίρνεις, ἄλλα καῖς
130
μὲ ἐπιθύμια νὰ τημάζῃς
δυὸ μεγάλα σὲ θωρῶ,
καὶ θανάσιμον τινάζεις
ἐναντίον τους κεραυνό.
131
Πιάνει, αὐξαίνει, κοκκινίζει
καὶ σηκώνει μία βροντή,
καὶ τὸ πέλαο χρωματίζει
μὲ αἱματόχροη βαφή.

132
Πνίγοντ᾽ ὅλοι οἱ πολεμάρχοι
καὶ δὲν μνέσκει ἕνα κορμί·
χάρου, σκιὰ τοῦ Πατριάρχη,
ποῦ σ᾽ ἐπέταξεν ἐκεῖ.

133
Ἐκρυφόσμιγαν οἱ φίλοι
μὲ τ᾽ς ἐχθρούς τους τὴ Λαμπρή,
καὶ τοὺς ἔτρεμαν τὰ χείλη
δίνοντάς τα εἰς τὸ φιλί.

134
Κειὲς τὲς δάφνες ποὺ ἐσκορπίστε[14]
τώρα πλέον δὲν τὲς πατεῖ,
καὶ τὸ χέρι ὅπου ἐφιλῆστε
πλέον, ἄ! πλέον δὲν εὐλογεῖ.

135
Ὅλοι κλαῦστε· ἀποθαμένος
ὁ ἀρχηγὸς τῆς Ἐκκλησιᾶς·
κλαῦστε, κλαῦστε κρεμασμένος
ὡσὰν νἄτανε φονιάς.

136
Ἔχει ὁλάνοιχτο τὸ στόμα
π᾽ ὧρες πρῶτα εἶχε γευθεῖ
τ᾽ Ἅγιον Αἷμα, τ᾽ Ἅγιον Σῶμα·
λὲς πὼς θενὰ ξαναβγῆ

137
ἡ κατάρα ποὺ εἶχε ἀφήσει
λίγο πρὶν νὰ ἀδικηθῆ
εἰς ὁποῖον δὲν πολεμήση
καὶ ἠμπορεῖ νὰ πολεμῆ.

138
Τὴν ἀκούω, βροντάει, δὲν παύει
εἰς τὸ πέλαγο, εἰς τὴ γῆ,
καὶ μουγκρίζοντας ἀνάβει
τὴν αἰώνιαν ἀστραπή.

139
Ἡ καρδιὰ συχνοσπαράζει...
Πλὴν τί βλέπω; Σοβαρὰ
νὰ σωπάσω μὲ προστάζει
μὲ τὸ δάκτυλο ἡ θεά.

140
Κοιτάει γύρω εἰς τὴν Εὐρώπη
τρεῖς φορὲς μ᾽ ἀνησυχιά·
προσηλώνεται κατόπι
στὴν Ἑλλάδα, καὶ ἀρχινᾷ:

141
«Παλληκάρια μου! οἱ πολέμοι
γιὰ σᾶς ὅλοι εἶναι χαρά,
καὶ τὸ γόνα σας δὲν τρέμει
στοὺς κινδύνους ἐμπροστά.

142
»Ἀπ᾽ ἐσᾶς ἀπομακραίνει
κάθε δύναμη ἐχθρική·
ἀλλὰ ἀνίκητη μιὰ μένει
ποὺ τὲς δάφνες σας μαδεῖ.

143
»Μία, ποὺ ὅταν ὡσὰν λύκοι
ξαναρχόστενε ζεστοί,
κουρασμένοι ἀπὸ τὴ νίκη,
ἄχ! τὸν νοῦν σας τυραννεῖ.

144
»Ἡ Διχόνια, ποὺ βαστάει
ἕνα σκῆπτρο ἡ δολερὴ
καθενὸς χαμογελάει,
πάρ᾽ το, λέγοντας, κι ἐσύ.

145
»Κειὸ τὸ σκῆπτρο ποὺ σᾶς δείχνει,
ἔχει ἀλήθεια ὡραῖα θωριά·
μὴν τὸ πιᾶστε, γιατὶ ρίχνει
εἰσὲ δάκρυα θλιβερά.

25

146
»Ἀπὸ στόμα ὅπου φθονάει,
παλικάρια, ἂς μὴν 'πωθῇ,
πῶς τὸ χέρι σας κτυπάει
τοῦ ἀδελφοῦ τὴν κεφαλή.
147
»Μὴν εἰποῦν στὸ στοχασμό τους
τὰ ξένα ἔθνη ἀληθινά:
«Ἐὰν μισοῦνται ἀνάμεσό τους,
δὲν τοὺς πρέπει ἐλευθεριά».
148
»Τέτοια ἀφήστενε φροντίδα·
ὅλο τὸ αἷμα ὁποὺ χυθῇ
γιὰ θρησκεία καὶ γιὰ πατρίδα,
ὅμοιαν ἔχει τὴν τιμή.
149
»Στὸ αἷμα αὐτό, ποὺ δὲν πονεῖτε,
γιὰ πατρίδα, γιὰ θρησκειά,
σᾶς ὁρκίζω, ἀγκαλιασθῆτε
σὰν ἀδέλφια γκαρδιακά.
150
»Πόσον λείπει, στοχασθῆτε,
πόσο ἀκόμη νὰ παρθῇ
πάντα ἡ νίκη, ἂν ἑνωθῆτε,
πάντα ἐσᾶς θ᾽ ἀκολουθῇ.
151
»Ὦ ἀκουσμένοι εἰς τὴν ἀνδρεία!...
Καταστῆστε ἕνα σταυρὸ
καὶ φωνάξετε μὲ μία:
Βασιλεῖς, κοιτάξτ᾽ ἐδῶ.
152
»Τὸ σημεῖον ποὺ προσκυνᾶτε
εἶναι τοῦτο, καὶ γι᾽ αὐτὸ
ματωμένους μας κοιτᾶτε
στὸν ἀγῶνα τὸ σκληρό.

153
»Ἀκατάπαυστα τὸ βρίζουν
τὰ σκυλιὰ καὶ τὸ πατοῦν
καὶ τὰ τέκνα του ἀφανίζουν
καὶ τὴν πίστη ἀναγελοῦν.
154
»Ἐξ αἰτίας του ἐσπάρθη, ἐχάθη
αἷμα ἀθῷο χριστιανικό,
ποὺ φωνάζει ἀπὸ τὰ βάθη
τῆς νυκτός: «Νὰ ᾽κδικηθῶ».
155
»Δὲν ἀκοῦτε ἐσεῖς εἰκόνες
τοῦ Θεοῦ, τέτοια φωνή;
Τώρα ἐπέρασαν αἰῶνες
καὶ δὲν ἔπαυσε στιγμή.
156
»Δὲν ἀκοῦτε; εἰς κάθε μέρος
σὰν τοῦ Ἄβελ καταβοᾶ·
δὲν εἶν᾽ φύσημα τοῦ ἀέρος
ποῦ σφυρίζει εἰς τὰ μαλλιά.
157
»Τί θὰ κάμετε; θ᾽ ἀφῆστε
νὰ ἀποκτήσωμεν ἐμεῖς
Λευθεριὰν, ἢ θὰ τὴν λῦστε
ἐξ αἰτίας Πολιτικῆς;
158
»Τοῦτο ἀνίσως μελετᾶτε,
ἰδού, ἐμπρός σας τὸν Σταυρό·
Βασιλεῖς! ἐλᾶτε, ἐλᾶτε,
καὶ κτυπήσετε κι ἐδῶ».

Εἰς τὸν Μάρκο Μπότσαρη

Ἡ Δόξα δεξιὰ συντροφεύει
τὸν ἄντρα, ποὺ τρέχει μὲ κόπους
τῆς Φήμης τοὺς δύσβατους τόπους,
καὶ ὁ Φθόνος τοῦ στέκει ζερβά,
μὲ μάτια, μὲ χείλη πικρά.
Ἀλλ' ὅποτε ἡ μοίρα τοῦ γράψει
τὸν δρόμον τοῦ κόσμου νὰ πάψει,
ἡ Δόξα καθίζει μονάχη
στὴν πλάκα τοῦ τάφου λαμπρή,
καὶ ὁ Φθόνος ἀλλοῦ περπατεῖ.
Στὴν πλάκα τοῦ Μάρκου καθίζει
ἡ Δόξα λαμπράδες γιομάτη.
Κλεισμένο γιὰ πάντα τὸ μάτι,
ὁποῦχε πολέμου φωτιά. -
Ἐλᾶτε ν' ἀκοῦστε, παιδιά!
Σοφοὶ λεξιθῆρες μακρύα,
μὴ λάχη σᾶς βλάψω τ' αὐτία.
Τρεχάτε στὰ μνήματα μέσα,
καὶ ψάλτε μὲ λόγια τρελλὰ -
ἐλᾶτε ν' ἀκοῦστε, παιδιά!
Τὸ λείψανο, ποῦχε γλυτώσει
ὁ Πρίαμος μὲ θρήνους, μὲ δῶρα,
ἐγύριζε ὀπίσω τὴν ὥρα
ποὺ πέφτει στὴν ὄψι τῆς γῆς
τὸ φῶς τὸ γλυκὸ τῆς αὐγῆς.

Ἐβγῆκαν μαζὶ τῆς θλιμμένης
Τρωάδας ἀπ' ὅλα τὰ μέρη
γυναῖκες, παιδάκια καὶ γέροι,
θρηνώντας, νὰ ἰδοῦν τὸ κορμὶ
ποὺ χάνει γι' αὐτοὺς τὴν ψυχή.
Κλεισμένο δὲν ἔμεινε στόμα

ἀπάνου στοῦ Μάρκου τὸ σῶμα.
Ἀπέθαν᾽ ἀπέθαν᾽ ὁ Μάρκος.
Μία θλίψη, μία ἄκρα βοή,
καὶ θρῆνος καὶ κλάψα πολλή.

Παρόμοια ἠχὼ θὰ λαλήσει,
τοῦ κόσμου τὴν ὕστερη μέρα,
παντοῦ στὸν καινούργιον ἀέρα.
Παρόμοια στοὺς τάφους θὰ ἐμβεῖ
νὰ κάμει καθένας νὰ ἐβγεῖ.

Ἡ καταστροφὴ τῶν Ψαρῶν

ΕΠΙΓΡΑΜΜΑ

Στῶν Ψαρῶν τὴν ὁλόμαυρη ράχη
περπατώντας ἡ Δόξα μονάχη,
μελετᾶ τὰ λαμπρὰ παλληκάρια,
καὶ στὴν κόμη στεφάνη φορεῖ,
καμωμένο ἀπὸ λίγα χορτάρια,
ποὺ εἶχαν μείνει στὴν ἔρημη γῆ.

Εἰς τὸν θάνατον τοῦ Λόρδου Μπάϋρον

1.
Λευτεριά, γιὰ λίγο πάψε
νὰ χτυπᾶς μὲ τὸ σπαθί.
Τώρα σίμωσε καὶ κλάψε
εἰς τοῦ Μπάιρον τὸ κορμί.
2.
Καὶ κατόπι ἂς ἀκλουθοῦνε

ὅσοι ἐπράξανε λαμπρά.
ἀποπάνου του ἃς χτυποῦνε
μόνο στήθια ἡρωικά.
3.
Πρῶτοι ἃς ἔλθουνε οἱ Σουλιῶτες,
καὶ ἀπ᾽ τὸ Λείψανον αὐτὸ
ἃς μακραίνουνε οἱ προδότες
καὶ ἀπ᾽ τὰ λόγια ὅπου θὰ πῶ.
4.
Φλάμπουρα, ὅπλα τιμημένα,
ἃς γυρθοῦν κατὰ τὴ γῆ,
καθὼς ἥτανε γυρμένα
εἰς τοῦ Μάρκου τὴ θανή,
5.
ποῦ βαστοῦσε τὸ μαχαίρι,
ὅταν τοῦ 'λειψε ἡ ζωή,
μεσ᾽ στὸ ἀνδρόφονο τὸ χέρι,
καὶ δὲν τ᾽ ἄφηνε νὰ βγεῖ.
6.
Ἀναθράφηκε ὁ γενναῖος
στῶν ἀρμάτων τὴν κλαγγή.
Τοῦτον ἔμπνευσε, ὄντας νέος,
μία θεὰ μελωδική.
7.
Μὲ τὲς θεῖες τὶς ἀδελφάδες
ἐστεκότουν σιωπηλή,
ἐνῶ αὐξαίνανε οἱ λαμπράδες
στοῦ Θεοῦ τὴν κεφαλή,
8.
ποῦ ἐμελέτουνε τὴ Χτίσι.
Καὶ ὅτι ἐβγῆκε ἡ προσταγή,
ὅπου ἐστένεψε τὴ Φύση
αἰφνιδίως νὰ φωτιστεῖ,
9.
Μὲ τὰ μάτια ἀκολουθώντας
τὸ νεογέννητο τὸ φῶς,

καὶ σὲ δαῦτο ἀναφτερώντας,
τῆς ἐξέβγαινε ὁ ψαλμὸς
10.
ἀπ᾽ τ᾽ ἀθάνατο τὸ στόμα,
καὶ ἀπομάκραινε ἡ βροντή,
ποῦ τὸ Χάος ἔκανε ἀκόμα
στὴν ὀγλήγορη φυγή,
11.
ἕως ποὺ ὁλόκληρον ἐχάθη
στοῦ Ἔρεβου τὴ φυλακή,
ὅπου ἁπλώθηκε καὶ ἐστάθη
σὰν στὴν πρώτη του πηγή.
12.
- Ψάλλε, Μπάιρον, τοῦ λαλοῦσε,
ὅσες βλέπεις ὀμορφιές.
καὶ κειός, ποὺ ἐκρυφαγροικοῦσε
ἀνταπόκριση μ᾽ αὐτές,
13.
βάνεται, τὲς τραγουδάει
μ᾽ ἕνα χεῖλο ἁρμονικό,
καὶ τὰ πάθη ἔτσι στοῦ ᾽γγιάει,
ποὺ τραγούδι πλέον ψηλό,
14.
δὲν ἀκούστηκεν, ἀπ᾽ ὦτα
ἔψαλ᾽ ὁ Ἄγγλος ὁ τυφλὸς
τ᾽ ἀγκαλιάσματα τὰ πρῶτα
ποὺ ἔδωσ᾽ ἄντρας γυναικός.

15.
Συχνὰ ἐβράχνιασε ἡ μιλιά του
τραγουδώντας λυπηρά,
πῶς στὸν ἥλιον ἀποκάτου
εἶναι λίγη ἐλευθεριά.
16.
«Κάθε γῆ» παραπονιέται
«ἐσκλαβώθηκε - εἶναι μία,

ὅπου ὁ ἄνθρωπος τιμιέται,
ἀπὸ δώθενε μακριά;
17.
Τὴν ὁποία χτυπάει τὸ νάμα
σύνορα τ᾿ Ἀτλαντικό.
μετανιώνει ἐν τῷ ἅμα
ὅποιος πάει μὲ στοχασμό,
18.
τὴ γλυκειὰν Ἐλευθερία
νὰ τὴν βλάψει ἀπὸ κοντά.
τὸ δοκίμασεν ἡ Ἀγγλία!
κανεὶς πλέον ἂς μὴν κοτᾶ».
19.
Καὶ ὅτι βούλεται νὰ φύγει
ἐκεῖ πέρα ὁ Ποιητής,
ἀνεπόλπιστα ξανοίγει
ἐσὲ ἐδῶ νὰ πεταχτεῖς.
20.
Ἐπετάχτηκες: Μονάχη.
Χωρὶς ἄλλος νὰ σοῦ πεῖ.
Τώρα ἀρχίνησε τὴ μάχη,
κι ἐγὼ πλάκωσα μαζί.
21.
Νὰ σ᾿ τὸ πεῖ, καὶ νὰ σὲ ρίξει
στῶν Τουρκῶν τὲς τουφεκιὲς
ἀσυντρόφιαστη, ἂν ξανοίξει
τὲς περίστασες δεινές,
22.
κι ἂν τὲς εὔρει εὐτυχισμένες,
νά ᾿λθει ἀντὶς γιὰ τὸν ἐχθρό,
μ᾿ ἄλλες ἄλυσες φτειασμένες
ἀποκάτου ἀπ᾿ τὸ Σταυρό,
23.
ποῦχε λάβει στὲς ἀγκάλες
ἀπὸ μᾶς, κι εἶχε θεούς,
ἀστραπές, ἀνεμοζάλες,

καὶ βροντὲς καὶ ποταμούς.

24.
Μόνον τ᾽ ἀδικοσφαγμένα
τὰ παιδιά σου, στριμωχτά,
μὲ τὰ χέρια τσακισμένα
σὲ ἐσπρώξαε ὀμπροστά,

25.
καὶ Σὺ ἐχύθηκες, πετώντας
μία ματιὰ στὸν Οὐρανό,
ποῦ τὰ δίκια σου θωρώντας,
ἀποκρίθηκε: Εἶμ᾽ ἐδῶ.

26.
Καὶ χτυπώντας ξεθυμαίνει
εἰς τὸ πέλαγο, εἰς τὴ γῆ,
ἡ ρομφαία σου πυρωμένη
ὀχ τὴν Ἄπλαστη Φωνή.

27.
Καὶ θαυμάσια τόσα πράχτει,
ὁποῦ οἱ Τύραννοι τῆς γῆς
σ᾽ ἐσὲ κίνησαν μὲ ἄχτι,
ὅμως ἔστρεψαν εὐθύς.

28.
Χαῖρε! Κι ὅποιος σὲ μισάει,
καὶ πικρὰ σὲ λοιδορεῖ,
εὐτυχιὰ νὰ πιθυμάει,
καὶ ποτὲ νὰ μὴ τὴν δεῖ.

29.
καὶ νὰ κλαίει πὼς ἦλθε ἡ ὥρα
ἡ πατρίς του νὰ δεθεῖ
μὲ τὰ σίδερα, ποὺ τώρα
πᾶς συντρίβοντας Ἐσύ.

30.
Χαίρου ὡστόσο ὅλους τοὺς τόπους,
ποῦ ἐξανάλαβαν γοργὰ
πάλι ἐλεύθερους ἀνθρώπους.
Καὶ τοῦ Μπάϋρον τὴ χαρά.

31.
Χαίρου, ἀνάμεσα στὰ ἄλλα
πράγματα ποὺ σὲ τιμοῦν.
Οἱ μεγάλοι τὰ μεγάλα,
ποῦ τοὺς μοιάζουνε, ἀγαποῦν.
32.
Βλέποντας σὲ ἀναγαλλιάζει
ἡ θλιμμένη τοῦ ψυχή,
καὶ τοῦ λέει. Ὅπλα φωνάζει
τώρα ἡ Ἑλλάδα. Πᾶμε ἐκεῖ.
33.
Καὶ κινάει νὰ σ᾽ ἀπαντήσει
καὶ ἡ Φήμη τοῦ Ποιητοῦ,
ποῦ τὸν κόσμο εἶχε γυρίσει,
καὶ τὴ δέχτηκαν παντοῦ,
34.
μπροστοπάταε, νὰ σὲ κράξει
μὲ ὄνομα τόσο γλυκύ,
ποὺ ὅποιο μάτι σὲ κοιτάξει
σὲ ξανοίγει πλέον σεμνή.
35.
Τὸν ἀκολούθησεν ὁ πλοῦτος,
θεῖος στὰ χέρια τοῦ καλοῦ,
καὶ κακόπραχτος, ἂν οὕτως
καὶ εἶν᾽ στὰ χέρια τοῦ κακοῦ.
36.
Μ᾽ ἕνα βλέμμα ὁποῦ φονεύει
τὰ φρονήματα τὰ αἰσχρά,
τρομερὴ τὸν συντροφεύει,
στέκοντάς του εἰς τὴ δεξιά.
37.
Καὶ ὄντας ἄφαντη στοὺς ἄλλους,
τοῦ Ἀλκαίου ἡ σκιά,
καὶ τοὺς ὤμους τοὺς μεγάλους
λίγο γέρνοντας, κρυφά,

38.
λόγια ἀθάνατα τοῦ λέει,
μὲ τὰ ὁποῖα στὰ σωθικὰ
τὸ θυμό του ξανακαίει
ἐναντίον στὴν ἀδικιά.
39.
θυμόν, τρόμο ὅλον γεμάτον,
ποῦ νικάει τὴν ταραχὴ
τῶν βροντόκραυγων ἁρμάτων,
καὶ πετιέται ὁλοῦ μὲ ὁρμή,
40.
καὶ τοῦ τύραννου χτυπάει
τὴ βουλή, καὶ τὴν ξυπνά,
στὴ στιγμὴ ποὺ μελετάει
τῶν λαῶν τὴ συμφορά.
41.
Μόνον ἄκουε τοῦ Κοράκου
τῆς Αὐστρίας τὸ κραυγητό,
ποῦ δὲν ἔκρωζε τοῦ κάκου,
καὶ ἐπεθύμαε τὸ κακό.
42.
Ὁμοίως ἔστρεφεν ἡ Μοίρα,
ποῦ εἶχε πάντοτε σταθεῖ
μές᾽ στῆς Κόλασης τὴ θύρα
μὲ τὸ κρίμα ἀνταμωτή,
43.
ἔστρεφε κατὰ τὴ Χτίση,
γιατί ἐμύριζε νεκρὴ
μυρωδιά, ποὺ χὲ σκορπίσει
ἡ πικρὴ μεταβολή.
44.
Καὶ ἀπὸ τ᾽ ἄπειρο διάστημα
ἀντισήκωνε ψηλὰ
τὸ μιαρό της τὸ ἀνάστημα,
νὰ χαρεῖ τὴ μυρωδιά.

45.
Στὴν Ἑλλάδα χαροκόπι.
Γιατί Ἐκεῖνον, ποὺ ζητεῖ,
βλέπει νάρχεται, καὶ οἱ τόποι
ποὺ ἡ σκλαβιὰ καταπατεῖ,
46.
χαμηλὴ τὴν κεφαλήν τους,
ἀγροικώντας τὴ βουή,
ἐδακρύζαν, καὶ οἱ δεσμοί τους
τοὺς ἐφάνησαν διπλοί.
47.
Ἀλλὰ ἀμέσως ὅλοι οἱ ἄλλοι
ποῦ εἶχαν ἐλευθερωθεῖ,
καὶ ἔχουν δάφνη στὸ κεφάλι
ποῦ δὲν θέλει μαραθεῖ,
48.
τὲς σημαῖες τοὺς ξεδιπλώνουν,
καὶ τὲς δάφνες ποὺ φοροῦν
χαιρετώντας τὸν σηκώνουν,
καὶ μ᾽ αὐτὲς τὸν προσκαλοῦν.
49.
Ποῦ θὰ πάει; Βουνὰ καὶ λόγγοι
καὶ λαγκάδια ἀϊλογοῦν.
Ποῦ θὰ πάει; - Στὸ Μεσολόγγι,
καὶ ἄλλοι ἂς μὴ ζηλοφθονοῦν.
50.
Τέτοιο χῶμα, ἀπ᾽ τὴν ἡμέρα
τὴ μεγάλη του Χριστοῦ,
ποῦ εἶχε φέρει ἀπ᾽ τὸν αἰθέρα
τιμὴ ἐμᾶς καὶ δόξα Αὐτοῦ,
51.
εἰς ἱερὸ προσκυνητάρι,
καὶ δὲ θέλει πατηθεῖ
ἀπὸ βάρβαρο ποδάρι,
πάρεξ ὅταν χαλαστεῖ.

52.
Δὲν ἦταν τὴ μέρα τούτη
μοσχολίβανα, ψαλμοί.
Νά, μολύβια, νά, μπαρούτι,
νά, σπαθιῶν λαμποκοπή.
53.
Στὸν ἀέρα ἀνακατώνονται
οἱ σπιθόβολοι καπνοί,
καὶ ἀπὸ πάνου φανερώνονται
ἴσκιοι θεῖοι πολεμικοί.
54.
Καὶ εἶναι αὐτοί, ποὺ πολεμώντας
ἐσκεπάσανε τὴ γῆ,
πάνου εἰς τ᾽ ἄρματα βροντώντας
μὲ τὸ ἐλεύθερο κορμί.
55.
Καὶ ἀγκαλιάσματα ἐκεῖ πλήθια,
δάφνες ἔλαβαν, φιλιά,
ὅσα ἐλάβανε εἰς τὰ στήθια
βόλια τούρκικα, σπαθιά.
56.
Ὅλοι ἐκεῖνοι οἱ πολεμάρχοι
περιζώνουνε πυκνοὶ
τὴν ψυχὴ τοῦ Πατριάρχη,
ποὺ τὸν πόλεμο εὐλογεῖ.
57.
Καὶ ἀναδεύονται, καὶ γέρνουν,
καὶ εἰς τὸ πρόσωπο ἱλαροί,
χεραπλώνουνε καὶ παίρνουν
ἀπὸ τὴ σπιθοβολή.
58.
Ἐδῶ βλέπει ἀντρειωμένα
νὰ φρονοῦν παρὰ ποτέ.
Καὶ ὅλος ἔρωτα γιὰ σένα
προσηλώνεται εἰς ἐσέ.

59.
Τὸ πουλί, ποὺ βασιλεύει
πάνου εἰς τ᾿ ἄλλα τὰ πουλιά,
γληγορώτατα ἀναδεύει
τὰ αἰθερόλαμνα φτερά,
60.
τρέχει, χάνεται, καὶ πίνει
τόλμην πίνει ὁ ὀφθαλμὸς
ἀπὸ τ᾿ ἄστρον, ὁποῦ χύνει
κύματα ἄφθαρτα φωτός.
61.
Πλανημένη ἡ φαντασιά του
μέσα στὸ μέλλον τὸ ἀργό,
ποὺ προσμένει τ᾿ ὄνομά του
νὰ τὸ κάμῃ πλέον λαμπρό,
62.
ὁλοφλόγιστη πηδάει
εἰς σὲ μία ματιοῦ ροπή.
Στρέφει ἀπεκεὶ καὶ κοιτάει.
Ἀνεκδιήγητη ἀντηχεῖ,
63.
ἀπ᾿ τοῦ κόσμου ὅλου τὰ πέρατα
τοῦ καιροῦ ἡ χλαλοή,
καὶ διηγώντας τοῦ τὰ τέρατα
τοῦ χτυπάει τὴν ἀκοή.
64.
Ἔθνη ποὺ ἄλλα φοβερίζουν,
φωνές, θρόνοι δυνατοί.
Ἄλλοι πέφτουνε, ἄλλοι τρίζουν,
καὶ ἄλλοι ἀτάραχτοι καὶ ὀρθοί.
65.
Ἀπὸ φόβο καὶ ἀπὸ τρόμο,
ἀπὸ βάρβαρους δεσμούς,
ποῦναι σκόρπιοι εἰς κάθε δρόμο,
καὶ ἀπὸ μύριους ὑβρισμούς,

66.
βγαίνει, ἀνάμεσα στοὺς κρότους
τῶν γενναίων ποὺ τὴν παινοῦν,
καὶ κοιτοῦνται ἀνάμεσό τους
γιὰ τὸ θαῦμα ποὺ θωροῦν,
67.
μία γυναίκα, ποὖχε βάλει
μὲς στὰ βάσανα ὁ καιρός,
ξαναδείχνοντας τὰ κάλλη
ποὺ τῆς ἔσβησε ὁ ζυγός,
68.
μόνον ἔχοντας γιὰ σκέπη
τὰ τουφέκια τὰ ἐθνικά,
καὶ τὸ χαίρεται νὰ βλέπει
πῶς καὶ Αὐτὸς τὴν ἀκλουθᾶ.
69.
Ἄχ! συνέρχεται... ξανοίγει
Ἐρινύαν φαρμακερή,
ὁποῦ ἀγιάτρευτην ἀνοίγει
τῆς Ἑλλάδας μίαν πληγή.
70.
Ἐρινύαν ἀπὸ τὰ χθόνια
ποὺ ἡ Ἑλλάδα ἀπαρατᾷ.
Ἡ θεομίσητη Διχόνοια
ποὺ τὸν ἄνθρωπο χαλνᾷ.
71.
Ἀφοῦ ἐδιώχτηκε ἀπὸ τ᾽ ἄστρα
ὅπου ἐτόλμησε νὰ πά,
πάει στοὺς κάμπους, πάει στὰ κάστρα,
χωρὶς ναὕβρῃ δυσκολιά.
72.
Καὶ κρατώντας κάτι φίδια
ποὺ εἶχε βγάλει ἀπ᾽ τὴν καρδιά,
καὶ χτυπώντας τὰ πιτήδεια
εἰς τοὺς Ἕλληνας, περνᾷ.

73.
Καὶ ὄχι πλέον τραγούδια νίκης
ὡσὰν πρῶτα, ἐνῶ τυφλά,
μὲ τὸ τρέξιμο τῆς φρίκης,
τούρκικα ἄλογα πολλά,
74.
ἐτσακίζανε τὰ χνάρια
στὴν ἀπέλπιστη φυγή,
καὶ ἐγκρεμίζαν παλληκάρια
τοῦ γκρεμνοῦ ἀπὸ τὴν κορφή.
75.
Ὄχι, πλέον, ὄχι τὰ δυνα-
τὰ στοιχεῖα νὰ μᾶς θωροῦν,
καὶ νὰ ὀργίζωνται καὶ ἐκεῖνα
καὶ γιὰ μᾶς νὰ πολεμοῦν.
76.
Ἀλλὰ πάει στοὺς νόας μία θέρμη,
ποὺ εἶναι ἀλλιώτικη ἀπ᾽ αὐτή,
ὁποῦ ἐσκόρπισε στὴν ἔρμη
Χίο τοῦ Τούρκου ἡ ᾽πιβουλή,
77.
ὅταν τόσοι ἐπέφταν χάμου,
καὶ μὲ λόγια ἀπελπισιᾶς,
κόψε με, ἔλεγαν, Ἀγᾶ μου,
καὶ τοὺς ἔκοβεν ὁ Ἀγᾶς.
78.
Ὅμως θέρμη. Ποῖος ὑβρίζει
τὸν καλύτερο, καὶ ποιὸς
λόγια ἀνόητα ψιθυρίζει.
Ἄλλος στέκεται ὀκνηρός.
79.
Ἄλλος παίρνει τὸ ποτήρι
ἀποκάτου ἀπ᾽ τὴν ἐλιά,
ὡσὰν νάτουν πανηγύρι,
μὲ τὰ πόδια διπλωτά.

40

80.
Καὶ ἄλλοι, ἀλίτηροι! χτυπώντας
πέφτουνε στὸν ἀδελφό,
καὶ παινεύονται, θαρρώντας
πῶς ἐχτύπησαν ἐχθρό.
81.
Καὶ τοὺς φώναξε: «Φευγᾶτε
τῆς Ἐρινύας τὴν τρικυμιά.
Ὦ! τί κάνετε; Ποῦ πάτε;
Γιὰ φερθεῖτε εἰρηνικά.
82.
»γιατί ἀλλιῶς θὲ νὰ βρεθεῖτε
ἢ μὲ ξένο βασιλιά,
ἢ θὰ καταφανισθεῖτε
ἀπὸ χέρια ἀγαρηνά».
83.
Ἀφοῦ ἐδῶ στὴν παλαιά σου
κατοικία καὶ ἄλλη φορὰ
μὲ διχόνοιες τὰ παιδιά σου
σοῦ ἑτοιμάσανε ἐξοριά,
84.
ἀπὸ τότες ὁποῦ ἐσώθη
στὴν Ἑλλάδα ὁ Στρατηγός,
ὁποῦ ὁ Ἕλληνας εἰπώθη
καὶ τώρα ὄχι ὁ στερινός,
85.
ἕως ποὺ ὁ κόσμος ἐβαστοῦσε
τὸν ἀπάνθρωπον Ἀλή,
ποὺ ὅσον αἷμα καὶ ἂν ρουφοῦσε
τόσο ἐγύρευε νὰ πιεῖ.
86.
Ἐπερνοῦσαν οἱ αἰῶνες
ἢ σὲ ξένη ὑποταγή,
ἢ μὲ ψεύτικες κορῶνες,
ἢ μὲ σίδερα καὶ ὀργή.

87.
Καὶ ἦλθε τότες καὶ ἐπερπάτει
ὅπου ἐπάταγες Ἐσύ,
καὶ τοῦ δάκρυζε τὸ μάτι,
καὶ ἐπιθύμαε νὰ Σὲ ἰδεῖ.
88.
κι ἔλεε: πότε ἔρχεσαι πάλι!
Καὶ δὲν εἶναι ἀληθινό,
πῶς μας εἶχε ἀδικοβάλει
μὲ βρισιὲς καὶ μὲ θυμό.
89.
Ἐζωγράφιζαν οἱ στίχοι
τὸν γαλάζιον οὐρανό,
καὶ ἐκλαιόνταν μὲ τὴν τύχη
καὶ μὲ τ᾽ ἄστρο τὸ κακό,
90.
εἰς τὸ ὁποῖον ἔχει νὰ σκύψει
κάθε δύναμη θνητή,
καὶ ἡ πατρίδα του νὰ στρίψει
παντελῶς δὲν ἠμπορεῖ.
91.
Τώρα ἀθάμπωτη ἔχει δόξα,
καὶ μὲ φέρσιμο τερπνὸν
βλέπει ἀδύνατα τὰ τόξα
τῶν ἀντίζηλων ἐθνῶν.
92.
Καὶ λαοὺς ἁλυσοδένει,
καὶ εἰς τὰ πόδια τοὺς πατεῖ,
καὶ τὸ πέλαγο σωπαίνει
ἂν τοῦ σύρει μία φωνή.
93.
Τέχνες, ἄρματα, σοφία,
τῆνε κάνουν δοξαστῆ,
ὅμως θὰ βροῦνε εὐκαιρία
νὰ τὴ φθείρουνε οἱ καιροί,

94.
καὶ νὰ ἰδῆ τὸ ριζικό της
καθὼς εἶναι ἡ καταχνιά,
ποὺ εἰς τὸ κλίμα τὸ δικό της
κρύβει τὴν ἀστροφεγγιά.
95.
«Ποῦ εἶν᾿, θὰ λένε σαστισμένοι,
τὸ Λεοντάρι τὸ Ἀγγλικό;
Εἶναι ἡ χήτη τοῦ πεσμένη,
καὶ τὸ μούγκρισμα βουβό».
96.
Ἀλλ᾿ ἡ Ἑλλὰς νὰ ξαναζήσει
ἦταν ἄξια, καὶ νὰ ἰδεῖ
ὁ ἐρχομὸς νὰ τὴν τιμήσει
τοῦ ὑψηλότατου Ποιητή.
97.
Ἔστεκε στὸ μισημένο
τὸ ζυγὸ μ᾿ ἀραθυμιά.
Τὸ ποδάρι εἶχε δεμένο,
ἀλλὰ ἐλεύθερη καρδιά.
98.
Ἐκαθότουνε εἰς τὰ ὄρη
ὁ Σουλιώτης ξακουστός.
Νὰ τὸν διώξει δὲν ἠμπόρει
πείνα, δίψα, καὶ ἀριθμός.
99.
Συχνὰ σπώντας τὰ θηκάρια
μὲ τὰ χέρια τὰ λιγνά,
ὁρμοῦν σ᾿ ἄπειρα κοντάρια.
Τὲς γυναῖκες τῶν συχνά,
100.
μεγαλόψυχα τραβάει
τὸν ἴδιον αἴσθημα τιμῆς,
ποὺ κοιτώντας τὸν Κομβάϋ
εἶχε ὁ ἀνδρεῖος Τραγουδιστής.

101.
Τὲς ἐμάζωξε εἰς τὸ μέρος
τοῦ Τσαλόγγου τὸ ἀκρινὸ
τῆς ἐλευθεριᾶς ὁ ἔρως
καὶ τὲς ἔμπνευσε χορό.
102.
Τέτοιο πήδημα δὲν τὸ εἶδαν
οὔτε γάμοι, οὔτε χαρές,
καὶ ἄλλες μέσα τους ἐπήδαν
ἀθωότερες ζωές.
103.
Τὰ φορέματα ἐσφυρίζαν
καὶ τὰ ξέπλεκα μαλλιά,
κάθε γύρο ποὺ ἐγυρίζαν
ἀπὸ πάνου ἔλειπε μία.
104.
Χωρὶς γόγγυσμα κι ἀντάρα
πάρα ἐκείνη μοναχά,
ὁποῦ ἔκαναν μὲ τὴν κάρα,
μὲ τὰ στήθια, στὰ γκρεμά.
105.
Στὰ ἴδια ὄρη ἐγεννηθῆκαν
καὶ τὰ ἀδάμαστα παιδιά,
ποὺ τὴν σήμερο ἐχυθῆκαν
πάντα οἱ πρῶτοι στὴ φωτιά.
106.
Γιατί, ἀλίμονον! γυρίζοντας
τοὺς ηὖρε ὁ Μπάϋρον σκυθρωπούς;
Ἐγυρεύανε δακρύζοντας
τὸν πλέον ἔνδοξο ἀπ᾽ αὐτούς.
107.
Ὅταν στῆς νυχτὸς τὰ βάθη
τὰ πάντα ὅλα σιωποῦν,
καὶ εἰς τὸν ἄνθρωπο τὰ πάθη,
ποῦναι ἀνίκητα, ἀγρυπνοῦν,

108.
καὶ γυρμένοι εἰς τὸ πλευρό τους
οἱ στρατιῶτες τοῦ Χριστοῦ,
μύρια βλέπουν στ᾽ ὄνειρό τους
ξεψυχίσματα τοῦ ἐχθροῦ,
109.
αὐτὸς ἄγρυπνος στενάζει,
καὶ εἰς τὴν πλάκα τὴν πικρή,
ποὺ τὸν Μπότσαρη σκεπάζει,
γιὰ πολλὴ ὥρα ἀργοπορεῖ.
110.
Ἔχει πλάγιασμα θανάτου
καὶ ἄλλος ἄντρας φοβερὸς
εἰς τὰ πόδια τοῦ ἀποκάτου,
καὶ εἶναι ἀντίκρυ τοῦ ὁ ναός.
111.
Ἀκριβὸ σὰν τὴν ἐλπίδα
ποὺ ἔχει πάντοτε ὁ θνητός,
γλυκοφέγγει ἀπ᾽ τὴ θυρίδα
τῆς Ἁγιας Τράπεζας τὸ φῶς.
112.
Μέσαθε ἔπαιρνε ὁ ἀέρας
μὲ δροσόβολη πνοὴ
τὸ λιβάνι τῆς ἡμέρας,
καὶ τοῦ τόφερνε ὡς ἐκεῖ.
113.
Δὲν ἀκοῦς γύρου πατήματα.
Μον᾽ τὸν ἴσκιο τοῦ θωρεῖς,
ὁποῦ ἁπλώνεται στὰ μνήματα,
ἔρμος, ἄσειστος, μακρύς,
114.
καθὼς βλέπεις καὶ μαυρίζει
ἴσκιος νέου κυπαρισσιοῦ,
ἂν τὴν ἄκρη του δὲν ᾽γγίζει
αὔρα ζέφυρου λεπτοῦ.

115.
Πές μου, Ἀνδρεῖε, τί μελετοῦνε
οἱ γενναῖοι σου στοχασμοί,
ποὺ πολληώρα ἀργοπορούνε
εἰς τοῦ Μάρκου τὴν ταφή;
116.
Σκιάζεσαι ἴσως μὴ χουμήσουν
ξάφνου οἱ Τοῦρκοι τὸ πρωί,
καὶ τὸ στράτευμα νικήσουν,
ποὺ ἔχει ἀνίκητην ὁρμή;
117.
Σκιάζεσαι τοὺς Βασιλιάδες,
ποὺ ἔχουν Ἕνωσιν Ἱερή,
μὴ φερθοῦνε ὡσὰν Πασάδες
στὸν Μαχμοὺτ ἐμπιστευτοί;
118.
Ἤ σοῦ λέει στὰ σπλάχνα ἡ φύσις
μ᾽ ἕνα κίνημα κρυφό:
«Τὴν Ἑλλάδα θὲ ν᾽ ἀφήσεις,
γιὰ νὰ πᾶς στὸν Οὐρανό;»
119.
Βγαίνει μάγεμα ἀπ᾽ τὴ στάχτη
τῶν Ἡρώων, καὶ τὸν βαστᾶ,
καὶ τὴ θέλησι τοῦ ἀδράχτει.
Τότε αἰσθάνεται μὲ μία,
120.
τὴν ἀράθυμη ψυχή του,
ποὺ μὲ φλόγα ἀναζητεῖ
νὰ τοῦ σύρει τὸ κορμί του
σὲ φωτιὰ πολεμική.
121.
Τοῦ πολέμου ἔνδοξοι οἱ κάμποι!
Εἶδ᾽ ἡ Ἑλλάδα τολμηρὰ
καὶ τὸ Σοφοκλῆ νὰ λάμπει
μέσα στὴν ἁρματωσιά.

122.
Καὶ εἶδε Αὐτόν, ποὺ παρασταίνει
μαζωμένους τοὺς Ἑφτὰ
στὴν ἀσπίδα αἱματωμένη,
ὅπου ὡρκόνονταν φριχτά.
123.
Ἑτραγούδααν προθυμότερα
τὲς ὠδὲς τοῦ τὰ παιδιά,
καὶ αἰσθανότανε ἀντρειότερα
στὴν ἀνήλικη καρδιά.
124.
Καὶ τὰ μάτια τοὺς γελοῦσαν,
μάτια μαῦρα ὡς τὴν ἐλιά.
Τῶν μορφῶν, ὁποῦ βαστοῦσαν
τραγουδώντας τὲς γλυκά.
125.
Στὴ φωτιά! καὶ θρέφει ἐλπίδα
νὰ νικήσει, νὰ ἠμπορεῖ
νὰ ἐπιστρέψει στὴν Πατρίδα,
τὸ κοράσιό του νὰ εὑρεῖ.
126.
Νὰ τοῦ λέγει μ᾽ ἕνα δάκρυ:
«Χαίρου, τέκνο μου ἀκριβό,
εἰς τοῦ στήθους μου τὴν ἄκρη
ἐλαβώθηκα καὶ ἐγώ.
127.
Βάλε, φῶς μου, τὴν παλάμη
εἰς τὰ στήθια τοῦ πατρός.
Νά, τὴν ζώνη ποὺ ἔχει κάμει
κόρη τούρκισσα τοῦ ἀντρός».
128.
Καὶ τὸ πέλαγο ἀγναντεύει
ἴσως τώρα ἡ κορασιά,
καὶ ξεφάντωση γυρεύει
μὲ τραγούδια τρυφερά.

129.
«Τὸν γονιό μου, Πρόνοια Θεία,
κᾶμε τόνε νικητή,
εἰς τὰ χώματα, στὰ ὁποῖα
ἡ γυναίκα ἀπαρατεῖ
130.
τὰ στολίδια, τὸν καθρέφτη,
καὶ ἀποκάτου ἀπ᾽ τὸ βυζὶ
ζώνεται ἄρματα, καὶ πέφτει
ὅπου κίνδυνο θωρεῖ.
131.
Κᾶμε Ἐσὺ μὲ τὴν μητέρα
τὴ γλυκειά μου νὰ ἑνωθεῖ
ἔλα γρήγορα, πατέρα,
ὅλη ἡ Ἀγγλία σὲ καρτερεῖ.
132.
Τὸ καράβι πότε ἀράχνει
εἰσὲ θάλασσα ἀγγλική;
Μοῦ σπαράζουνε τὰ σπλάχνη,
ὁποῦ μοῦ ἔκανες ἐσύ.
133.
Πές, πότ᾽ ἔρχεσαι;»... Ὁλοένα
εἰν᾽ τὸ πλοῖο του στὰ νερά,
ποὺ φλοισβίζουνε σχισμένα,
καὶ ποσῶς δὲν τ᾽ ἀγροίκα.
134.
Ποῖος, ἀλίμονον! μᾶς δίνει
μίαν ἀρχὴ παρηγοριᾶς;
Ἀπ᾽ αὐτὸν δὲ θὲ νὰ μείνει
μήτε ἡ στάχτη του μὲ μᾶς.
135.
Θὰ τὴν ἔχουν ἄλλοι!... Ὦ! σύρε,
σύρε, Μπάϋρον, στὸ καλό.
Ὕπνος ἔξαφνα σὲ πῆρε,
ποὺ δὲν ἔχει ξυπνημό.

136.
Εἶναι ἀδιάφορο, δὲ βλάβει,
ἂν ἐκεῖ σιμοτινὸ
πλέξει ἢ τούρκικο καράβι,
ἢ καράβι ἑλληνικό.
137.
Ἄκου, Μπάϋρον, πόσον θρῆνον
κάνει, ἐνῶ σὲ χαιρετᾶ,
ἡ πατρίδα τῶν Ἑλλήνων.
Κλαῖγε, κλαῖγε, Ἐλευθεριά.
138.
Γιατί ἐκείτοταν στὴν κλίνη,
καὶ τοῦ ἐβάραινε πολὺ
πῶς γιὰ πάντα εἶχε νὰ μείνει,
καὶ ἀπὸ Σὲ νὰ χωριστεῖ.
139.
Ἀρχινάει τοῦ ξεσκεπάζει
ἄλλον κόσμο ὁ λογισμὸς
καὶ κάθε ἄλλο σκοταδιάζει,
καὶ τοῦ κρύβεται ἀπ᾽ ἐμπρός.
140.
Ἀλλὰ ἀντίκρυ ἀπὸ τὰ πλάσματα
τοῦ νοὸς τὰ ἀληθινά,
τοῦ προβαίνουν δυὸ φαντάσματα
ὁλοζώντανα καὶ ὀρθά.
141.
Ἡ ἀκριβή του θυγατέρα,
καθὼς ἔμεινε μικρή,
ἐνῶ ἡ τύχη τὸν πατέρα,
ἐκαλοῦσε ἀλλοῦ, καὶ Ἐσύ,
142.
Ἐσύ, θεία τοῦ ἀνθρώπου εἰκόνα,
μὲ τὰ φέγγη σου, καὶ αὐτὴ
ὅπου σ᾽ ἔφθανε στὸ γόνα
μὲ τὴν ὥρια κεφαλή,

143.
γιὰ λίγη ὥρα τοῦ σηκώνεται
τοῦ ἄλλου κόσμου τὴ θωριά,
καὶ σ᾽ ἐσᾶς ἀντισηκώνεται
μὲ τὴν πρόθυμη ἀγκαλιά.
144.
Ἔτσι ὁ Ἄνθρωπος τοῦ Αἰῶνος,
ὅταν ἔπαυε νὰ ζεῖ,
καθὼς ἤθελεν ὁ φθόνος,
σ᾽ ἕνα ἀγνώριστο νησί,
145.
καὶ εἶχε μάρτυρα εἰς τὸ βράχο
τοῦ Θεοῦ τὸν ὀφθαλμό,
καὶ τριγύρω τοῦ μονάχο
τοῦ πελάου τὸ γογγυτό.
146.
Ἐνῶ ἀνάδινε ἡ ψυχῆ του
μόνους ἄφησε νὰ ἐλθοῦν
ἡ Γαλλία καὶ τὸ παιδί του
πρὸς τὰ μάτια, πρὶν σβησθοῦν.
147.
Καὶ ὄχι ἡ μοίρα, ὅπου σαράντα
νίκες τοῦ ἄδραξε ἡ σκληρή,
καὶ βαρύτερη εἶναι πάντα
σὲ καρδιὰ βασιλική.
148.
Ὄχι ἡ δόξα ἡ περασμένη,
ποὺ μὲ βία πολεμικὴ
τοῦ ἔδειχνε τὴν Οἰκουμένη,
λέγοντάς του: Ἀκαρτέρει,
149.
Στὴν ταφή του μὲ τὴν πάχνη
χύν᾽ ἡ βρύση τὸ νερό,
ποὺ τοῦ δρόσισε τὰ σπλάχνη,
εἰς τὸ ψυχομαχητό.

150.
Τὲς ἡμέρες, ὅπου ἂν μόνο
τ᾽ ὄνομά του ἤθελε πεῖς,
ὀλιγόστευαν στὸ θρόνο
τὴν αὐθάδεια οἱ βασιλεῖς,
151.
κατά μας καὶ Αὐτὸς ἀκόμη
εἶχε ρίξει μία ματιά.
Εἶναι ἡ δάφνη ὡραῖα στὴν κόμη,
ὅταν φέρνει ἐλευθεριά.
152.
Ὤ! νὰ μάθαινε ὁ Μεγάλος
πόσην ἔδειξε χαρὰ
ἀγροικώντας ἕνας Γάλλος:
ἐχαθῆκαν τὰ Ψαρά.
153.
Φωνὴν τρόμου ἡ Ἑλλάδα σύρνει,
σύρνει, καὶ ἔπειτα σιωπεῖ.
Ὅμως κρότους μὲς στὴ Σμύρνη
ὅλη ἡ νύχτα ἠχολογεῖ.
154.
Νά, ἀνθοστόλιστο τραπέζι.
Δὲν εἶν᾽ γέννημα Τουρκῶν,
ὅπου τρώοντας περιπαίζει
τὴν ἀντρεία τῶν Ψαριανῶν.
155.
Μύρια λόγια, γέλια μύρια,
καὶ χτυποῦν τὰ φωτερὰ
στὰ ὁλογέμιστα ποτήρια,
καὶ στὰ γέλια τὰ τρελλά.
156.
Μὲ ἁρμονίες τοὺς κράζει ἡ λύρα,
καὶ ἐπετάχτηκαν ὁμού,
λυσσιασμένοι ἀπὸ τὴν πύρα
τῆς χαρᾶς καὶ τοῦ κρασιοῦ.

157.
Καὶ χορεύουνε τριγύρου...
Γειά σας, Γάλλοι εὐγενικοί!
Εἶν᾿ τὰ χώματα τοῦ Ὁμήρου
ποὺ τὸ πόδι σας πατεῖ!
158.
Γιατί μες᾿ στ᾿ ἀχρεία τους σπλάχνη
τὸ φαγὶ καὶ τὸ ποτὸ
σὲ φαρμάκι δὲν ἀλλάχνει,
νὰ τοὺς φάει τὸ σωθικό;
159.
Καὶ ἀπ᾿ τὴ μάνητα ν᾿ ἀνάψει
ἀρμοδιώτερος χορός,
τὸν ὁποῖον μόνος νὰ πάψει
σκληρὸς θάνατος καὶ ἀργός,
160.
γιὰ ν᾿ ἀρχίσουν τὴ χαρά τους,
ὄντας φάσματα ἐλαφρά,
ἐμπροστὰ στὸ βασιλιά τους,
καὶ στὸ Μπάϋρον ἐμπροστά,
161.
ὁποῦ φθάνοντας κεῖ κάτου
ἴσως τούμεινε ὡς ἐκεῖ
ἡ ἀέρινη ἀγκαλιά του,
σὰν πρωτύτερα, ἀνοιχτή!
162.
Τόνε βλέπω! Τοῦ προβαίνουν
ἄλλα φάσματα γοργά,
ποὺ ἀκατάπαυστα πληθαίνουν
σφόδρα, καὶ εἶναι Ἑλληνικά.
163.
Γιὰ τὴν ποθητὴν Ἑλλάδα
τόσο πρόθυμα ρωτοῦν,
σὰν νὰ ἐζήτααν τὴ γλυκάδα
τοῦ φωτὸς νὰ ξαναϊδοῦν.

164.
Κλάψες ἄμετρα χυμένες,
χέρια ἀπλότρεμα, κραυγές,
ποὺ ἀπ᾿ τ᾿ς ἀντίλαλους πωμένες
εἶναι πλέον τρομαχτικές.

165.
Κειὸς σεβάσμια προχωρώντας,
καὶ μὲ ἀνήσυχες ματιές,
τὰ προσώπατα κοιτώντας,
καὶ κοιτώντας τὲς πληγές:

166.
«Ἡ Διχόνοια κατατρέχει
τὴν Ἑλλάδα. Ἂν νικηθεῖ,
ΜΑ ΤΟΝ ΚΟΣΜΟ ΠΟΥ ΜΑΣ ΕΧΕΙ,
τ᾿ ὄνομά σας ξαναζεῖ».

Ὁ θάνατος τοῦ βοσκοῦ

Νὰ μία βοσκούλα στὸ βουνὸ ποὺ κάθεται καὶ κλαίει
Καὶ τὰ παράπονα ἡ σπηλιὰ γλυκὰ τὰ ματαλέει:
Ἐψές μου ἀπέθανε ὁ βοσκός, καὶ τέσσεροι στὸν ὦμο
Μοῦ τὸν ἐπῆραν τέσσεροι στὸν ὕστερό του δρόμο.
Βραχνόφωνα ὁ καλόγερος ἀνάδευε τὰ χείλα·
Τοῦ νεκροκρέβατου συχνὰ ἐτρίζανε τὰ ξύλα.
Θυμοῦμαι ποὺ ἐκαθόμαστε ἀντάμα ἐκεῖ στὴ βρύση·
Ποιὸς ἀπ᾿ ἐμᾶς, ἐλέγαμε, περσότερο θὰ ζήσῃ;
Καὶ λέγοντας: Ποιὸς ἀπ᾿ ἐμᾶς περσότερο θὰ ζήσῃ;
Φθὺς κατ᾿ ἐμᾶς ἐβούιξε φριχτὰ τὸ Π ο ι ὸ ς θ ὰ ζ ή σ η.
Τότε ὁ ἠγαπημένος μου ἐστέναξε ἀπ᾿ τὰ στήθη,
Καὶ τοὖπα: Τί ἔχεις στὴν καρδιά; Κι᾿ αὐτὸς δὲν μ᾿ ἀπεκρίθη.
Δυστυχισμένη συντροφιά! Ποὺ τὸ χαρούμεν᾿ ἄνθι
Τῆς νιότης μας τῆς τρυφερῆς ὀγλήγορα ἐμαράνθη.
Ὦ Θάνατε, λυπήσου με, λυπήσου με καὶ φθάσε·
Ἕνα ἀναστέγμα γλυκό μου φαίνεται πὼς θᾶσαι.

Μοῦπανε πὼς μεσάνυχτα τὸν βάνουνε στὸ μνῆμα
Κι᾽ ἐξέδωκα τὸ ροῦχο μου γιὰ τὸ στερνό του ἐντύμα.
Φωνάζω, σκούζω δυνατὰ στὸν τάφο του γυρμένη,
Μὰ δὲν ἀκοῦνε τὲς φωνὲς στὸν τάφο οἱ πεθαμένοι.
Κεῖνοι ποὺ θὰ μὲ θάψουνε, ἀκόμη ἂν μ᾽ ἀγαποῦνε,
Ἂς βάλουνε τὰ χέρια μας νεκρὰ ν᾽ ἀγκαλιασθοῦνε.

Ὁ θάνατος τῆς ὀρφανῆς

Πές μου, θυμᾶσαι, ἀγάπη μου, ἐκείνη τὴν παιδούλα,
Ὁποῦχε στὰ ξανθὰ μαλλιὰ νεοθέριστη μυρτούλα;
Ὁποῦχε σὰν παρθενικὸ τραντάφυλλο τὸ στόμα,
Ποῦχε τὰ μάτια γαλανὰ σὰν τ᾽ οὐρανοῦ τὸ χρῶμα;
Ποὺ πρὸς τὸ βράδυ πάντοτε μονάχη ἐπερπατοῦσε,
Κι᾽ εἶχε κοντὰ της ἕν᾽ ἀρνὶ ποὺ τὴν ἀκολουθοῦσε;
Ποὺ καθισμένη ἐβρίσκαμε στὸ ἔρμο περιγιάλι,
Καὶ λυπηρὰ ἐτραγούδαε τῆς ἄνοιξης τὰ κάλλη;
Ἀχ! τὸ τραγούδι ἀκλούθαε, κοιτάζοντας τὸ κύμα
Μὲ τόση λύπη, ποὺ ἔλεγες ὅπως ἐκοίταε μνῆμα.
Τὴ μαύρη! τὴν ἀπάντησα τὸ χάραμα στὸ δρόμο,
Ἀλλὰ τὴν κόρη τέσσεροι τὴν εἴχανε στὸν ὦμο·
Χυμένα ἦταν σ᾽ ὅλο της τὸ λείψανο ποὺ εὐώδα
Γιούλια, μοσκοῦλες καὶ γαντσιές, τραντάφυλλα καὶ ρόδα.
Σβημένα ἦταν τὰ μάτια της ποὺ φέγγαν σὰν ἀστέρια,
Καὶ μὲ κορδέλες κόκκινες δεμένα εἶχε τὰ χέρια.
Ἀχ! κατεβάζοντάς τηνε οἱ τέσσεροι ἀπ᾽ τὸ βράχο,
Κανεὶς δὲν τὴν ἀκλούθαε πάρεξ τὸ ἀρνὶ μονάχο,
Καὶ μαραμένα ἤτανε τὰ ἀνθηρὰ στολίδια,
Ποὺ κάθε αὐγὴ τοῦ ἐμάζωνε καὶ τοῦ ἔπλεκεν ἡ ἴδια.
Τ᾽ ἀρνὶ μόνον ἀκλούθαε, μπὲ μπέ, μπὲ μπὲ φωνάζει,
Πάντα μπὲ μπέ, πάντα μπὲ μπέ, καὶ τὴν παιδούλα κράζει.
Μὲ τὸ κουδούνι στὸ λαιμὸ εἰς τοὺς γκρεμοὺς περπάτει·
Ν τ ὶ ν ντὶν κουδούνιζε κοντὰ εἰς τὸ στερνὸ κρεβάτι.

Ἐτούτη εἶναι, κόρη μου, ἡ ὄμορφη παιδούλα,
Ὀπούχε στὰ ξανθὰ μαλλιὰ νεοθέριστη μυρτούλα.

Ἡ Ἀγνώριστη

Ποιὰ εἶναι τούτη
Ποὺ κατεβαίνει
Ἀσπροντυμένη
Ὀχ τὸ βουνό;
Τώρα ποὺ τούτη
Ἡ κόρη φαίνεται,
Τὸ χόρτο, γένεται
Ἄνθι ἁπαλό·

Κ᾽ εὐθὺς ἀνοίγει
Τὰ ὡραῖα του κάλλα,
Καὶ τὸ κεφάλι
Συχνοκουνεῖ·

Κ᾽ ἐρωτεμένο,
Νὰ μὴ τὸ ἀφήσῃ,
Νὰ τὸ πατήσῃ,
Παρακαλεῖ.

Κόκκινα κι᾽ ὄμορφα
Ἔχει τὰ χείλα,
Ὡσὰν τὰ φύλλα
Τῆς ῥοδαριᾶς,

Ὅταν χαράζῃ,
Καὶ ἡ αὐγούλα
Λεπτὴ βροχούλα
Στέρνει δροσιᾶς.

55

Ἡ Εὐρυκόμη

«Θάλασσα, πότε θέλ᾽ ἰδῶ τὴν ὄμορφη Εὐρυκόμη;
Πολὺς καιρὸς ἐπέρασε καὶ δὲν τὴν εἶδα ἀκόμη.
Πόσες φορὲς κοιτάζοντας ἀπὸ τὸ βράχο γέρνω
Καὶ τὸν ἀφρὸ τῆς θάλασσας γιὰ τὰ πανιά της παίρνω!
Φέρ᾽ τηνε, τέλος, φέρ᾽ τηνε». Αὐτὰ ὁ Θύρσης λέει,
Καὶ παίρνει ἀπὸ τὴ θάλασσα καὶ τὴ φιλεῖ καὶ κλαίει·
Καὶ δὲν ἠξέρει ὁ δύστυχος ὁποῦ φιλεῖ τὸ κῦμα
Ἐκεῖνο, ποὺ τῆς ἔδωσε καὶ θάνατο καὶ μνῆμα.

Ἡ φαρμακωμένη

Τὰ τραγούδια μοῦ τἄλεγες ὅλα
Τοῦτο μόνο δὲν θέλει τὸ πεῖς,
Τοῦτο μόνο δὲν θέλει τ᾽ ἀκούσεις,
Ἄχ! τὴν πλάκα τοῦ τάφου κρατεῖς.

Ὦ παρθένα! ἂν ἠμπόρειαν οἱ κλάψαις
Πεθαμένου νὰ δώσουν ζωή,
Τόσαις ἔκαμα κλάψαις γιὰ σένα,
Ποὺ θελ᾽ ἔχεις τὴν πρώτη πνοή.

Συφορά! σὲ θυμοῦμ᾽ ἐκαθόσουν
Σ᾽ τὸ πλευρό μου μὲ πρόσωπο ἀχνὸ
«Τί ἔχεις» σοῦ ῾πα καὶ σὺ μ᾽ ἀποκρίθης
«Θὰ πεθάνω, φαρμάκι θὰ πιῶ».

Μὲ σκληρότατο χέρι τὸ πῆρες,
Ὡραία κόρη, κι αὐτὸ τὸ κορμί,
Ποὺ τοῦ ἔπρεπε φόρεμα γάμου,
Πικρὸ σάβανο τώρα φορεῖ.

Τὸ κορμί σου ἐκεῖ μέσα στὸν τάφο
Τὸ στολίζει σεμνὴ παρθενιά,

Τοῦ κακοῦ σὲ ἀδικοῦσεν ὁ κόσμος,
Καὶ σοῦ φώναζε λόγια κακά.

Τέτοια λόγια ἂν ἠμπόρειες ν᾽ ἀκούσεις,
Ὄχ τὸ στόμα σου τ᾽ ἤθελε βγεῖ;
«Τὸ φαρμάκι ποὺ ἐπῆρα, καὶ οἱ πόνοι,
Δὲν ἐστάθηκαν τόσο σκληροί.

Κόσμε ψεύτη! ταὶς κόραις ταὶς μαύραις
κατατρέχεις ὅσο εἶν᾽ ζωνταναίς,
Σκληρὲ κόσμε! καὶ δὲν τοὺς λυπᾶσαι
Τὴν τιμήν, ὅταν εἶναι νεκραίς.

Σώπα, σώπα! θυμήσου πὼς ἔχεις
Θυγατέρα, γυναίκα, ἀδελφή,
Σώπα ἡ μαύρη κοιμᾶται στὸ μνῆμα
καὶ κοιμᾶται παρθένα σεμνή.

Θὰ ξυπνήσει τὴν ὕστερη ἡμέρα,
Εἰς τὸν κόσμον ὀμπρὸς νὰ κριθεῖ,
Καὶ στὸν Πλάστη κινῶντας μὲ σέβας
Τὰ λευκά της τὰ χέρια θὰ πεῖ:

«Κοίτα μέσα στὰ σπλάχνα μου, Πλάστη!
τὰ φαρμάκωσα ἀλήθεια ἡ πικρή,
καὶ μοῦ βγῆκε ὀχ τὸ νοῦ μου, Πατέρα
Ποὺ πλασμένα μοῦ τἄχες Ἐσύ.

Ὅμως κοίτα στὰ σπλάχνα μου μέσα,
Ποῦ τὸ κρίμα τοὺς κλαῖνε, καὶ πές,
Πὲς τοῦ κόσμου, ποὺ φώναξε τόσα,
Ἐδῶ μέσα ἂν εἶν᾽ ἄλλες πληγαίς».

Τέτοια ὀμπρὸς εἰς τὸν Πλάστη κινώντας
Τὰ λευκά της τὰ χέρια θὰ πεῖ.
«Σώπα, κόσμε! κοιμᾶται στὸ μνῆμα,
καὶ κοιμᾶται παρθένα σεμνή».

Εἰς Μοναχήν

Πρὸς τὴν κυρὰ Ἄννα Μαρία Ἀναστασία Γουράτο Γεωργομίλα,
ὅταν ἐντύθηκε τὸ ἀγγελικὸ σχῆμα εἰς τὸ μοναστήρι τῶν Ἁγίων
Θεοδώρου καὶ Γεωργίου εἰς Κέρκυρα τὴν 18 Ἀπριλίου 1829.

1.

Ἀπὸ τὸν Θρόνο τ᾿ Ἄπλαστου
οἱ Ἄγγελοι ἐκατεβῆκαν,
καὶ μὲς στοῦ μοσχολίβανου
τὸ σύγνεφον ἐμπῆκαν,
νὰ ἰδοῦν ποὺ τὸ κοράσιο
κινάει στὴν ἐκκλησιά.

2.

«Χριστὸς ἀνέστη» ἐψάλλανε
μὲ τὰ χρυσά τους χείλη,
«Χριστὸς ἀνέστη» ἐκάνανε
κι ἀστράφτανε σὰν ἥλιοι
καὶ λόγια ἐτραγουδούσανε
ἐγκάρδια καὶ θερμά.

3.

Ἕνας Ἄγγελος
Χαῖρε, ἀδελφή! Μ᾿ ἀρέσουνε
τῆς ὄψης σου οἱ χλωμάδες.
εἰς τὰ περίσσια ἀνάμεσα
κεριὰ καὶ στὲς λαμπάδες
κάλλιο ἀπὸ ρόδα πιάνουνε
τῆς Νύμφης τοῦ Χριστοῦ.

4.

Ἄλλος
Ἀφοῦ τὸν θάνατο ἔκλαψες
τῆς δόλιας σου μητέρας
καὶ τοῦ πατρός, σοῦ ἀπόμεινε

μόνος Αὐτὸς πατέρας.
Ἄλλος
Πάντα περνάει τὰ σπλάχνα του
τὸ δάκρυ τοῦ ὀρφανοῦ.

5.

Ἄλλος
Γλυκό ναι τῆς Παράδεισος
νὰ μελετᾶς τὰ κάλλη.
Ἄλλος
Πικρή ναι ἡ φοβερότατη
τοῦ κόσμου ἀνεμοζάλη.
μόν᾽ ἐδῶ φθάνει ὁ ἀντίλαλος,
δὲ φθάνει ἡ τρικυμιά.

6.

Ἄλλος
Ἐδῶ ὁ Χριστὸς στὰ ὀνείρατα
σ᾽ ἐσένα κατεβαίνει.
Ἄλλος
Ἐκεῖ ταράζουν ἄρματα
καὶ θρόνοι αἱματωμένοι.
Ἄλλος
Ἐδῶ εὐτυχία καὶ θρίαμβος.
Ἄλλος
Ἐκεῖ ναι συμφορά.

7.

Ἄλλος
Ὁ κόσμος ἐρωτεύτηκε
στὰ μάτια, στὴ φωνή σου,
τὰ μελετάει συχνότατα,
κι ἡ ἀγγελικὴ ψυχή σου
φωνὴ καὶ μάτια ἐγύρισε
κατὰ τὸν Οὐρανό.

8.

Ἄλλος
Ὁ Πλάστης κατ᾽ εἰκόνα του
τὸν ἄνθρωπο ἐποιοῦσε.
Ἄλλος
Μὲς στὰ κρυφία τῆς γνώσης του
τὴ Χτίση ἐμελετοῦσε,
γιὰ νά ᾽ναι τοῦ λιγόζωου
ἀνθρώπου ἡ κατοικιά.

9.

Ἄλλος
Ἀπάνου ἀπάνου ἐχύθηκε
στὴν Ἄβυσσο ποὺ ἐσειότουν
καὶ μὲ τρομάρα ἐμούγκριζε,
κι αὐτὶ δὲν ἐσωζότουν.
ὁ Πλάστης ὁλομόναχος
ἀγρίκαε μὲ χαρά.

10.

Ἄλλος
Ἔρως καὶ Χάρος πάντοτε
δουλεύουν ἐδῶ κάτου,
ὥσπου ὁ Καιρὸς ὁ γέροντας
νὰ χάσει τὰ φτερά του.
Ἄλλος
Φριχτή ᾽ναι ἡ ὥρα ποὺ ἄνθρωπος
βαριὰ ψυχομαχᾶ.

11.

Ἄλλος
Μὴ φοβηθεῖς νά ᾽σ᾽ ἔρημη
τότε ἀπὸ κάθε μάτι.
ἰδοὺ ὁ Χριστὸς ποὺ γέρνοντας
στοῦ πόνου τὸ κρεβάτι
σοῦ σιάζει τὸ προσκέφαλο
καὶ σὲ παρηγορᾶ.

12.

Ἄλλος
Εὐτυχισμένο λείψανο,
θέλει σοῦ δώσει πάλι
τὸν ἀρραβώνα ὁ ἴδιος
ὅπου σοῦ πῆρε ἀγάλι
τὴν ὥρα ποὺ ἀπομείναν
τὰ στήθια σου νεκρά.

13.

Ἄλλος
Τὰ κόκαλα ἐβαρέθηκαν,
στὸ μνῆμα καρτερώντας
καὶ τρίζουνε ἀκατάπαυτα
τὴν Κρίση ἀναζητώντας.

Ἄλλος
Ξύπνα, ἀδελφή! Τὴ Σάλπιγγα
τὴν ὕστερη ἀγρικῶ.

14.

Ἄλλος
Τὰ μάτια της ἀστράψανε
τοῦ τάφου ἀπὸ τὴν κλίνη.
κοίτα, πετιέται ὁλόχαρη
καὶ μὲς στὸ λάκκο ἀφήνει
τοὺς μόσχους τοῦ Μαϊάπριλου
ποὺ δὲν ὑπάρχει πλιό!

15.

Ὅλοι οἱ Ἄγγελοι
Τὰ μάτια της ἀστράψανε
τοῦ τάφου ἀπὸ τὴν κλίνη.
κοίτα, πετιέται ὁλόχαρη
καὶ μὲς στὸ λάκκο ἀφήνει
τοὺς μόσχους τοῦ Μαϊάπριλου
ποὺ δὲν ὑπάρχει πλιό!

Ὁ Λάμπρος (ἀποσπάσματα)

ΤΟ ΠΑΡΑΠΟΝΟ ΤΗΣ ΜΑΡΙΑΣ

I.

«Ἐκειός, ποὺ ἀκούει καὶ τὴ δροσιὰ ποὺ στάει,
» Βλέπει τὰ βάσανά μου, καὶ βογγάει.»

II.

«Βλέπεις τούτους τοὺς τάφους; Καμιὰ μέρα
» Ἐδῶ μέσα καὶ σὺ θὲ νὰ κοιμᾶσαι,
» Ἕως ὅπου ἀπὸ ψηλὰ θέλει βουΐση
» Ἡ σάλπιγγα ἡ στερνὴ νὰ σὲ ξυπνήσῃ.»

III.

«Καὶ δὲ σ᾿ εἶδα ποτὲ δάκρυα νὰ χύσῃς,
» Παρὰ λίγη στιγμὴ πρὶν μ᾿ ἀτιμήσῃς.»

IV.

«Τρέχω καὶ κάνω στὸ δεξί της χέρι
» Αἱματώδη σταυρὸ μ᾿ ἕνα μαχαίρι.»

V.

«Κι᾿ ὅταν ἀκούω ξένο παιδὶ κοντά μου,
» Μάννα, νὰ λέῃ, μοῦ σχίζεται ἡ καρδιά μου.»

VI.

«Νὰ γελᾷ, καὶ νὰ κλαίῃ, καὶ νὰ κοιμᾶται.»

VII.

«Ἀλλὰ πάντα στὴν ἔρημη τὴν κλίνη,
» Πάντα θανάτοι, δυστυχιὲς καὶ θρῆνοι.»

VIII.

«Τραυάω συλλογισμένη ὅλη τὴ μέρα,

» Κ᾿ ἔπειτ᾿ ἀπ᾿ τὸ φαρμακισμένο δεῖπνο,
» Γιομᾶτο μαῦρα ὀνείρατα τὸν ὕπνο.»

ΤΟ ΟΝΕΙΡΟ ΤΗΣ ΜΑΡΙΑΣ

IX.

1. Μοῦ φαίνεται πὼς πάω καὶ ταξιδεύω
   Στὴν ἐρμιὰ τοῦ πελάγου εἰς τ᾿ ὄνειρό μου
   Μὲ τὸ κῦμα, μὲ τσ᾿ ἄνεμους, παλεύω
   Μοναχή, καὶ δὲ εἶσαι εἰς τὸ πλευρό μου·
   Δὲ βλέπω μὲ τὸ μάτι ὅσο γυρεύω
   Πάρεξ τὸν οὐρανὸ στὸν κίνδυνό μου·
   Τόνε τηράω, βόηθα, τοῦ λέω, δὲν ἔχω
   Πανί, τιμόνι, καὶ τὸ πέλαο τρέχω.

2. Κι᾿ ὅτι τέτοια τοῦ λέω, μέσα μὲ θάρρος
   Νά σου τὰ τρία τ᾿ ἀρσενικὰ πετιοῦνται·
   Τοῦ καραβιοῦ τὰ ξύλα ἀπ᾿ τὸ βάρος
   Τρίζουν τόσο, ποὺ φαίνεται καὶ σκιοῦνται·
   Τότε προβαίνει ἀφεύγατος ὁ χάρος,
   Καὶ στρυμωμένα αὐτὰ κρυφομιλιοῦνται,
   Κι᾿ ἀφοῦ ἔχουν τὰ κρυφὰ λόγια ᾿πωμένα,
   Λάμνουν μὲ κάτι κουπιὰ τσακισμένα.

3. Μ᾿ ἕνα πικρὸ χαμόγελυ στὸ στόμα
   Ἔρχεται ἡ κόρη ἐκεῖ καὶ μὲ σιμώνει·
   Τῆς τυλίζει ἕνα σάβανο τὸ σῶμα,
   Ποὺ στὸν ἀέρα ὁλόασπρο φουσκώνει·
   Ἀλλὰ πλιὰ χλωμιασμένο εἶναι τὸ χρῶμα
   Τοῦ χεριοῦ ποὺ ὀμπροστά μου ἀντισηκώνει,
   Καὶ τῆς τρέμει, ὅπως τρέμει τὸ καλάμι,
   Δείχνοντας τὸ σταυρὸ στὴν ἀπαλάμη.

4. Καὶ βλέπω ἀπ᾽ τὸ σταυρὸ καὶ βγαίνει αἷμα
   Μαῦρο μαῦρο, καὶ τρέχει ὡσὰν τὴ βρύση
   Μοῦ δείχνει ἡ κόρη ἀνήσυχο τὸ βλέμμα,
   Τάχα πὼς δὲ μπορεῖ νὰ μὲ βοηθήση.
   Ὅσο ἐκειὰ τὰ κουπιὰ σχίζουν τὸ ῥέμα,
   Τόσο τὸ κάνουν γύρω μου ν᾽ αὐξήση·
   Συχνοφέγγει ἀστραπή, σχίζει τὸ σκότος,
   Καὶ τῆς βροντῆς πολυβουΐζει ὁ κρότος.

5. Καὶ τὰ κύματα πότε μᾶς πηδίζουν,
   Ποὺ στὰ νέφη σοῦ φαίνεται πὼς νᾶσαι,
   Καὶ πότε τόσο ἀνέλπιστα βυθίζουν,
   Ποὺ νὰ μὴν ἀνοίξη ἡ κόλαση φοβᾶσαι·
   Οἱ κουπηλάτες κατὰ μὲ γυρίζουν.
   Βλασφημοῦν, καὶ μοῦ λένε: Ἀνάθεμά σε.
   Ἡ θάλασσα ἀποπάνου μας πηδάει,
   Καὶ τὸ καράβι σύψυχο βουλιάει.

6. Μὲ χέρια καὶ μὲ πόδια ἐνῷ σ᾽ ἐκείνη
   Τὴν τρικυμιά, ποὺ μ᾽ ἄνοιξε τὸ μνῆμα,
   Τινάζομαι μὲ βία, καὶ δὲ μ᾽ ἀφίνει
   Νὰ βγάλω τὸ κεφάλι ἀπὸ τὸ κῦμα,
   Βρίσκομαι ἡ ἔρμη ἀνάποδα στὴν κλίνη,
   Ποὺ ἄλλες φορὲς τὴ ζέσταινε τὸ κρῖμα,
   Καὶ πικρότατα κλαίω πὼς εἶναι δίχως
   Τὸ στεφάνι, ποὺ μῶταξες, ὁ τοῖχος.

   Ο ΜΑΡΤΥΡΑΣ

   Χ.

   Ἔψεναν τὸν ἱερέα, καὶ ὁ Ἀλῆς ἐφώναζε τῶν δούλων του:

   Τὰ κάρβουνα τοῦ σκύλου ἀνάρια ἀνάρια.

   ...

   *

**

...

Σταθῆτ᾽ ἐκεῖ· δὲ σᾶς ξυπνάει στὸν λάκκον
Ἡ κραυγὴ τῶν σκυλιῶν καὶ τῶν κοράκων.

Ο ΛΑΜΠΡΟΣ ΜΕ ΤΗ ΘΥΓΑΤΕΡΑ ΤΟΥ

...

ΔΥΟ ΑΣΜΑΤΑ
ΟΠΟΥ ΤΡΑΓΟΥΔΑΕΙ Η ΜΑΡΙΑ

...

XVIII.

ΤΑ ΔΥΟ ΑΔΕΛΦΙΑ

...

Η ΤΡΕΛΛΗ ΜΑΝΑ (α)

Η ΤΟ ΚΟΙΜΗΤΗΡΙΟ

...

ΤΟ ΞΕΜΥΣΤΗΡΕΥΜΑ

...

Η ΗΜΕΡΑ ΤΗΣ ΛΑΜΠΡΗΣ

XXI.

1.

Καθαρώτατον ἥλιο ἐπρομηνοῦσε
τῆς αὐγῆς τὸ δροσᾶτο ἀστέρι,
σύγνεφο, καταχνιά, δὲν ἀπενοῦσε
τ᾽ οὐρανοῦ σὲ κανένα ἀπὸ τὰ μέρη·

καὶ ἀπὸ 'κεῖ κινημένο ἀργοφυσοῦσε
τόσο γλυκὸ στὸ πρόσωπο τ' ἀέρι,
ποὺ λὲς καὶ λέει μὲς τῆς καρδιᾶς τὰ φύλλα·
«γλυκειὰ ἡ ζωή κι' ὁ θάνατος μαυρίλα».

2.

Χριστὸς ἀνέστη! Νέοι, γέροι, καὶ κόρες,
ὅλοι, μικροί, μεγάλοι, ἑτοιμαστῆτε·
μέσα στὲς ἐκκλησίες τὲς δαφνοφόρες
μὲ τὸ φῶς τῆς χαρᾶς συμμαζωχτῆτε·
ἀνοίξετε ἀγκαλιὲς εἰρηνοφόρες
ὀμπροστὰ στοὺς ἁγίους, καὶ φιληθῆτε·
φιληθῆτε γλυκὰ χείλη μὲ χείλη,
πέστε· Χριστὸς ἀνέστη, ἐχθροὶ καὶ φίλοι.

3.

Δάφνες εἰς κάθε πλάκα ἔχουν οἱ τάφοι,
καὶ βρέφη ὡραῖα στὴν ἀγκαλιὰ οἱ μανάδες·
γλυκόφωνα, κοιτώντας τὲς ζωγραφι-
σμένες εἰκόνες, ψάλλουνε οἱ ψαλτάδες·
λάμπει τὸ ἀσήμι, λάμπει τὸ χρυσάφι,
ἀπὸ τὸ φῶς ποὺ χύνουνε οἱ λαμπάδες·
κάθε πρόσωπο λάμπει ἀπ' τ' ἀγιοκέρι,
ὅπου κρατοῦνε οἱ Χριστιανοὶ στὸ χέρι.

XXII.

Βγαίνει, γιατὶ στὰ σωθικά του ἀνάφτει,
καὶ γιὰ πρῶτο ἀπαντᾶ τὸν νεκροθάφτη.

XXIII.

Κανεὶς δὲν τοῦ μιλεῖ, καὶ δὲν τοῦ δίνει
τὸ φιλὶ τὸ γλυκὸ ποὺ φέρνει εἰρήνη.

XXIV.

Πάντα, χτυπάει, σὰν νὰλπιζε ἐκεῖ κάτω

ν᾽ ἀγροικηθεῖ στῆς κόλασης τὸν πάτο.

Η ΔΕΗΣΗ ΤΗΣ ΜΑΡΙΑΣ
ΚΑΙ ΤΟ ΟΡΑΜΑ ΤΟΥ ΛΑΜΠΡΟΥ
Τὸ ἑσπέρας τῆς Λαμπρῆς

XXV.

1.

Καὶ προβαίνει ἡ Μαρία λίγη νὰ πάρει
δροσιὰ στὰ σωθικὰ τὰ μαραμένα·
εἶναι νύχτα γλυκειὰ, καὶ τὸ φεγγάρι
δὲ βγαίνει νὰ σκεπάσει ἄστρο κανένα·
περίσσια, μύρια, σ᾽ ὅλη τους τὴ χάρη,
λάμπουν ἄλλα μονάχα, ἄλλα δεμένα·
κάνουν καὶ κεῖνα Ἀνάσταση ποὺ πέφτει
τοῦ ὁλόστρωτου πελάου μὲς στὸν καθρέφτη.

2.

«Τὰ μαλλιὰ σέρνω στὰ λιγνά μου στήθη·
δένω σταυρὸ τὰ χέρια· Οὐράνια, θεῖα!
Πέστε Ἐκεινοῦ ποὺ σήμερα ἀναστήθη
νὰ ἐλεηθεῖ τὴ μαύρη τὴ Μαρία.
Μέρα εἶναι Ἀγάπης· Ἅδης ἐνικήθη·
καίονται τὰ σπλάχνα, καίονται τὰ στοιχεῖα·
καὶ ἡ πυρκαϊὰ τοῦ Κόσμου ἀναγαλλιάζει
καὶ κατ᾽ Αὐτὸν τὴ σπίθα της τινάζει.

3.

Ὁ Οὐρανὸς Ἀλληλούϊα ἠχολογάει·
κατὰ τὴ γῆν ἐρωτεμένος κλίνει·
ζεῖ τοῦ νεροῦ καὶ ἡ στάλα ὁποὺ κολλάει
στὸ ποτήρι· Ἀλληλούϊα ἐγὼ κι ἐκείνη.
Ὅταν ἡ Πύλη ἀκούστηκε νὰ σπάει,

τί χλαλοὴ στὸν κάτου κόσμο ἐγίνη!
Χαίρεται μέσα ἡ ἄβυσσο καὶ ἀσπρίζει·
ὁ περασμὸς τοῦ Λυτρωτῆ σφυρίζει».

4.

Στὴν ἐκκλησίαν ὡστόσο ὁ Λάμπρος μένει,
ὅπου ἀνθρώπου πνοὴ δὲν ἀγρικιέται.
Ἀπ᾽ ἕνα εἰς ἄλλο στοχασμὸ πηγαίνει·
εἶναι ὁ νοῦς του ἔρμος κόσμος ποὺ χαλιέται.
Μέσ᾽ ἀπὸ τὸ στασίδι ἀγάλι βγαίνει,
καὶ ὀχ τὴν ψυχή του ὁ στεναγμὸς πετιέται·
μόνον οἱ σκόρπιες δάφνες ποὺ ἐμυρίζαν
ἐκεῖ ποὺ αὐτὸς ἐπερπατοῦσε ἐτρίζαν.

5.

Καὶ τὸ πρόσωπο γέρνει ὡσὰν τὴ δειάφη
καὶ χαμηλὰ τοῦτα τὰ λόγια ρίχτει:
«Κουφοί, ἀκίνητ᾽ οἱ Ἅγιοι, καθὼς καὶ οἱ τάφοι·
εἶπα κι ἔκραξα ὥς τ᾽ ἄγριο μεσανύχτι:
Ἄντρας (κι ἡ μοίρα ὅ,τι κι ἄ θέλει ἂς γράφει)
τοῦ ἑαυτοῦ του εἶναι θεός, καὶ δείχτει
στὴν ἄκρα δυστυχία· μὲς στὴν ψυχή μου
κάθου κρυμμένη, ἀπελπισιά, καὶ κοίμου!».

6.

Πάει γιὰ νά ᾽βγει στὴ θύρα ἀργὰ καὶ ἀνοίγει·
λεπτὴ φωνὴ τοῦ λέει «Χριστὸς ἀνέστη».
Εἰς τὴν ἄλλη πηδάει, καὶ φωνὴ ὀλίγη
καὶ παρόμοια, τοῦ λέει «Χριστὸς ἀνέστη».
Ἀπὸ τὴν τρίτα πολεμάει νὰ φύγει
καὶ μία τρίτα τοῦ λέει «Χριστὸς ἀνέστη».
Αὐτοκίνητες πάντα ἀνοιγοκλειοῦνε
οἱ τρεῖς θύρες καὶ ἀχὸ δὲν προξενοῦνε.

7.

Καὶ ἰδοὺ τρία σὰν ἀδέλφια ἔρμα καὶ ξένα,

πού ἔν᾽ ἁγιοκέρι σβημένο βαστοῦσαν,
ὅπου στρίψει, ὅπου πάει, τ᾽ ἀπελπισμένα
γοργὰ πατήματά του ἀκολουθοῦσαν.
Λιγδερὰ καὶ πλατιὰ κι ὅλα σχισμένα
τὰ λαμπριάτικα ροῦχα ὁπού φοροῦσαν.
Στὰ μπροστινά, στὰ πισινὰ στασίδια,
ὅλο σιμά του σειοῦνται τὰ ξεσκλίδια.

8.

Ποτὲ δὲν τά ᾽χει εἰς τὴ φυγή του ἀνάρια·
ἐδῶ ἐκεῖ, μπρὸς ὀπίσω, ἀπάνου κάτου,
βαροῦν ὅμοια τὴν πλάκα ὀχτὼ ποδάρια,
τρέχουν ἴσια, κι ἀκούονται τὰ δικά του.
Νὰ φύγει μία στιγμὴ τ᾽ Ἅδη τὰ χνάρια
σπρώχνει μάταια μακριὸ τὸ πήδημά του,
σὰν τ᾽ ἄστρο πού γοργὰ τὸ καλοκαίρι
χύνεται πέντε δέκα ὀργιὲς ἀστέρι.

9.

Ἔτσι ἑνωμένοι ἐκάμανε τριάντα
φορὲς τὴν ἐκκλησιὰ πού βοὴ στέρνει.
Σὰ νά ᾽χε μέσα θυμιατὰ σαράντα,
μυρωδιὰ λιβανιοῦ τὴ συνεπαίρνει.
Πάντα μὲ βία τὸ τρέξιμο, καὶ πάντα
ὁ ζωντανὸς τ᾽ ἀραχνιασμένα σέρνει·
σκύφτουν, πολὺ κρυφομιλοῦν, καὶ σειέται
τὸ βαμπάκι, πού λὲς καὶ ξεκολλιέται.

10.

Ἄχ, ποῖος εἶδε τὰ χέρια νὰ σηκώνει
ἡ Παναγία, τὰ μάτια της νὰ κλείσει;
Ἄχ, ποῖος εἶδε τὸ Πάσχα αἷμα νὰ ἱδρώνει
ὁ Χριστός, καὶ παντοῦ νὰ κοκκινίσει;
Τί συφορὰ τὴν ἐκκλησιὰ πλακώνει,
ὁπού τὴν ἴδια μέρα εἶχε βροντήσει
ἀπὸ τόσες χαρὲς καὶ ψαλμῳδίες,

69

πού 'χε ἀντιλάμψει ἀπὸ φωτοχυσίες!

11.

Βρίσκεται στ᾽ Ἅγιο Βῆμα, ἀνατριχιάζει,
καὶ πέφτει ὀμπρός τους γονατιστὸς χάμου.
Μὲ τρομάρα κοιτάει καὶ τοὺς φωνάζει:
«Σᾶς γνωρίζω· τί θέλτε; Εἶστε δικά μου.
Τοῦ καθενὸς τὸ πρόσωπο μοῦ μοιάζει·
ἀλλὰ πέστε τί θέλτε ἔτσι κοντά μου;
Συχωρᾶτε καὶ πάψτε. Ἀμέτε πέρα·
δὲν εἶναι ἀκόμα Παρουσία Δευτέρα!

12.

Ὦ κολασμένα, ἀφεῖτε μου τὰ χέρια!».
Χείλη μὲ χείλη τότε ἐκολληθῆκαν.
Ὅσα ἐδῶσαν φιλιά, τόσα μαχαίρια
στοῦ δυστυχῆ τὰ φυλλοκάρδια ἐμπῆκαν.
Ἀφοῦ στὸν κόσμο ἐλάμψανε τ᾽ ἀστέρια,
τέτοιου τρόμου φιλιὰ δὲν ἐδόθηκαν.
Φτυοῦνε τὰ χείλη σὰν ἀπὸ φαρμάκι·
μέσα του ἐπῆε τὸ νεκρικὸ βαμπάκι.

13.

Στέκει σὰ μάρμαρο ὥσπου ξημερώνει,
κι εἶναι φευγάτοι οἱ πεθαμένοι νέοι.
Τὴν τρομασμένη κεφαλὴ ψηλώνει
καὶ βαριὰ νεκρολίβανα ἀναπνέει.
Τέλος πάντων τὰ μάτια ἄγρια καρφώνει
στὲς δάφνες, καὶ πολληώρα ἔπειτα λέει:
«Σύρε, σημεῖο χαρᾶς!» καὶ φουχτωμένο
μὲ τὰ δυό, τὸ χτυπάει στὸ Σταυρωμένο.

14.

«Κόλαση; τὴν πιστεύω· εἶναι τή· αὐξάνει,
κι ὅλη φλογοβολάει στὰ σωθικά μου.
Ἀπόψε Κάποιος ποὺ ὅ,τι θέλει κάνει

μ⸓στειλε ἀπὸ τὸ μνῆμα τὰ παιδιά μου.
Χωρὶς νὰ τὴ γνωρίζω, ἐχθὲς μοῦ βάνει
τὴ θυγατέρα αἰσχρὰ στὴν ἀγκαλιά μου.
Δὲ λείπει τώρα πάρεξ νὰ χαλάσει
τὸν Ἑαυτό του, γιατὶ μ᾽ ἔχει πλάσει!».

15.

Σηκώνεται καὶ παίρνει τὴν πεδιάδα,
σχίζει κάμπους καὶ δάση, ὄρη, λαγκάδια·
στὰ μάτια του εἶναι μαύρη ἡ πρασινάδα,
τὰ νερὰ καὶ τὰ δέντρα εἶναι μαυράδια·
χύνεται μὲ μεγάλη, ὀγληγοράδα,
καὶ γύρου ἂς εἶναι, ὅ,τι θωρεῖ, σκοτάδια.
Κι ἀκόμη λέει πὼς κυνηγιέται, ἀκόμα
τὰ βαμπάκια τοῦ Χάρου ἀκούει στὸ στόμα.

16.

Ἔτσι ὁ φονιᾶς ποὺ κρίματα ἔχει πλήθια,
ἐὰν φθάσει καὶ τοῦ κλείσει ὕπνος τὸ μάτι,
βγαίνουν μαζὶ καὶ τοῦ πατοῦν τὰ στήθια
οἱ κρυφὰ σκοτωμένοι, αἷμα γιομάτοι.
Μεγαλόφωνα κράζοντας βοήθεια
γυμνὸς πετιέται ὂχ τὸ ζεστὸ κρεβάτι,
κι ἔχει τόση μαυρίλα ὁ λογισμός του,
ποὺ μὲ μάτια ἀνοιχτὰ τοὺς βλέπει ὀμπρός του.

Η ΤΡΕΛΛΑ ΤΗΣ ΜΑΡΙΑΣ

XXVI.

Ὁ παπᾶς γιὰ τὸ γάμο ὅλα ἑτοιμάζει,
κι εἶναι ἀναμμένα τὰ κεριὰ τοῦ γάμου·
ὁ Λάμπρος τρομασμένος τήνε κράζει:
«Σήκω, δυστυχισμένη, ἔλα κοντά μου».
Εἰς τὴ φωνὴ τοῦ Λάμπρου ἀνατριχιάζει

καὶ παρευθὺς σηκώνεται ἀπὸ χάμου
καὶ τραγουδάει καὶ τραγουδώντας κλαίει·
καὶ αὐτός: «Μὴν κλαῖς, μὴν τραγουδᾶς», τῆς λέει.

Ο ΘΑΝΑΤΟΣ ΤΟΥ ΛΑΜΠΡΟΥ ΚΑΙ ΤΗΣ ΜΑΡΙΑΣ

XXVII.

...

Καὶ εἰς τὸ κῦμα, ποὺ βλέπει ὡς τὸν καθρέφτη,
Ξανακοιτάει, χαμογελάει, καὶ πέφτει.

XXVIII.

Καὶ βλέπει μέσα στὰ νερὰ καθάρια,
Ἄλλος λάμπει οὐρανός, ἄλλα κλωνάρια.

XXIX.

«Σκύφτω ἐδῶ μέσα, καὶ ξανοίγω ὀμπρός μου
Ἀναπάντεχα μέρη ἀλλουνοῦ κόσμου.»

XXX.

...

XXXI.

...

Καὶ δὲν ἔμεινε μήτε ἕνα κλωνάρι,
Φιλέρημο πουλάκι νὰ καθίσῃ,
Τὸ βράδυ, τὴν αὐγή, νὰ κελαϊδήσῃ.

ΑΠΟΣΠΑΣΜΑΤΑ ΔΙΑΦΟΡΑ
(Ἀναδυομένη Ἀφροδίτη)

XXXII.

Στὴν κορυφὴ τῆς θάλασσας πατώντας
στέκει, καὶ δὲ συγχύζει τὰ νερά της,
ποὺ στὰ βάθη τοὺς μέσα ὁλόστρωτα ὄντας
δὲν ἔδειχναν τὸ θεῖον ἀνάστημά της.
Δίχως αὔρα νὰ πνέει, φεγγοβολώντας
ἡ ἀναλαμπὴ τοῦ φεγγαριοῦ κοντά της
συχνότρεμε, σὰ νά 'χε ἐπιθυμήσει
τὰ ποδάρια τὰ θεῖα νὰ τῆς φιλήσει.

XXXIII.

Κείθενε μὲ τὸ μάτι ὅποιος γυρεύει
Γιὰ νὰ ἰδῇ τὴ θωριὰ τὴ μακρυσμένη,
Τῆς Ἀφρικῆς τὴ θάλασσα ἀγναντεύει
Πάντα ἀφράτη καὶ πάντα ἀγριωμένη.

XXXIV.

Θανάτου ἐτιά, ποὺ τὰ κλωνάρια γέρνεις
Στὴν κατοικιὰ τὴν ὕστερη τ᾽ ἀνθρώπου.

XXXV.

Ἐὰν τὴν ἄκρην του ὁ ζέφυρος δὲ 'γγίζει
Στέλνει ἀκίνητον ἴσκιο ὁποῦ μαυρίζει.

XXXVI.

Εἰς τὴν ἄρπα γλυκὰ γέρνει τὸ στῆθος.

XXXVII.

Καὶ φωνάζει· «Ὦ Παρθένα, ὦ Ψυχοσώστρα!»

XXXVIII.

(Ἡ λίμνη)
Εἶναι γλαυκὴ κι᾽ ἀτάραχη στὴ μέση.

73

Ἐλεύθεροι Πολιορκημένοι

ΣΧΕΔΙΑΣΜΑ Α΄

I.

Τότες ἐταραχτήκανε τὰ σωθικά μου, καὶ ἔλεγα πῶς ἦρθε
ὥρα νὰ ξεψυχήσω· κ᾽ εὐρέθηκα σὲ σκοτεινὸ τόπο καὶ
βροντερό, ποὺ ἐσκιρτοῦσε σὰν κλωνὶ στάρι ᾽ς τὸ μύλο ποὺ
ἀλέθει ὀγλήγορα, ὡσὰν τὸ χόχλο ᾽ς τὸ νερὸ ποὺ ἀναβράζει·
ἐτότες ἐκατάλαβα πῶς ἐκεῖνο ἤτανε τὸ Μεσολόγγι· ἀλλὰ δὲν
ἔβλεπα μήτε τὸ κάστρο, μήτε τὸ στρατόπεδο, μήτε τὴ λίμνη,
μήτε τὴ θάλασσα, μήτε τὴ γῆ ποὺ ἐπάτουνα, μήτε τὸν
οὐρανό· ἐκατασκέπαζε ὅλα τὰ πάντα μαυρίλα καὶ πίσσα,
γιομάτη λάμψι, βροντή, καὶ ἀστροπελέκι· καὶ ὕψωσα τὰ
χέρια μου καὶ τὰ μάτια μου νὰ κάνω δέηση, καὶ ἰδοὺ μές᾽ ᾽ς
τὴν καπνίλα μία μεγάλη γυναίκα μὲ φόρεμα μαῦρο σὰν τοῦ
λαγοῦ τὸ αἷμα, ὅπου ἡ σπίθα ἔγγιζε κ᾽ ἐσβενότουνε· καὶ μὲ
φωνή, ποὺ μοῦ ἐφαίνονταν πῶς νικάει τὴν ταραχὴ τοῦ
πολέμου, ἄρχισε·

«Τὸ χάραμα ἐπῆρα
Τοῦ Ἥλιου τὸ δρόμο,
Κρεμώντας τὴ λύρα
Τὴ δίκαιη ᾽ς τὸν ὦμο,
Κι᾽ ἀπ᾽ ὅπου χαράζει
Ὡς ὅπου βυθᾶ,

Τὰ μάτια μου δὲν εἶδαν τόπον ἐνδοξότερον ἀπὸ τοῦτο τὸ
ἀλωνάκι.»

II.

74

Παράμερα στέκει
Ὁ ἄντρας καὶ κλαίει·
Ἀργὰ τὸ τουφέκι
Σηκώνει, καὶ λέει·
«Σὲ τοῦτο τὸ χέρι
»Τί κάνεις ἐσύ;
»Ὁ ἐχθρός μου τὸ ξέρει
»Πῶς μοῦ εἶσαι βαρύ.»
Τῆς μάνας ὦ λαύρα!
Τὰ τέκνα τριγύρου
Φθαρμένα καὶ μαῦρα,
Σὰν ἴσκιους ὀνείρου·
Λαλεῖ τὸ πουλάκι
Ἐς τοῦ πόνου τὴ γῆ,
Καὶ βρίσκει σπειράκι,
Καὶ μάννα φθονεῖ.

III.

Γροικοῦν νὰ ταράζῃ
Τοῦ ἐχθροῦ τὸν ἀέρα
Μίαν ἄλλη, ποὺ μοιάζει
Τ᾽ ἀντίλαλου πέρα·
Καὶ ξάφνου πετειέται
Μὲ τρόμου λαλιά·
Πολληώρα γροικειέται
Κι᾽ ὁ κόσμος βροντᾶ.

IV.

Ἀμέριμνον ὄντας
Τ᾽ Ἀράπη τὸ στόμα
Σφυρίζει, περνώντας
Σ τοῦ Μάρκου τὸ χῶμα·
Διαβαίνει, κι᾽ ἀγάλι
Ξαπλώνετ᾽ ἐκεῖ,
Ποὺ ἐβγῆκ᾽ ή μεγάλη
Τοῦ Μπάϊρον ψυχή.

V.

Προβαίνει καὶ κράζει
Τὰ ἔθνη σκιασμένα.

VI.

Καὶ ὢ πείνα καὶ φρίκη!
Δὲ σκούζει σκυλί!

VII.

Καὶ ή μέρα προβαίνει,
Τὰ νέφια συντρίβει·
Νά, ή νύχτα ποὺ βγαίνει,
Κι ἀστέρι δὲν κρύβει.

ΣΧΕΔΙΑΣΜΑ Β΄

I.

Άκρα τοῦ τάφου σιωπὴ στὸν κάμπο βασιλεύει·
Λαλεῖ πουλί, παίρνει σπειρί, κ᾿ ἡ μάνα τὸ ζηλεύει.
Τὰ μάτια ἡ πεῖνα ἐμαύρισε· στὰ μάτια ἡ μάνα μνέει·
Στέκει ὁ Σουλιώτης ὁ καλὸς παράμερα, καὶ κλαίει:
«Ἔρμο τουφέκι σκοτεινό, τί σ᾿ ἔχω 'γὼ στὸ χέρι;
Ὁποῦ σὺ μοῦγινες βαρὺ κι ὁ Ἀγαρηνὸς τὸ ξέρει.»

II.

Τὸ Μεσολόγγι ἔπεσε τὴν ἄνοιξη· ὁ ποιητὴς παρασταίνει τὴν
Φύση, εἰς τὴ στιγμὴ ποὺ εἶναι ὡραιότερη, ὡς μία δύναμη, ἡ
ὁποία, μὲ ὅλα τ᾿ ἄλλα καὶ ὑλικὰ καὶ ἠθικὰ ἐνάντια,
προσπαθεῖ νὰ δειλιάσῃ τοὺς πολιορκημένους· ἰδοὺ οἱ
Στοχασμοὶ τοῦ ποιητῆ:

Ἡ ζωὴ ποὺ ἀνασταίνεται μὲ ὅλες της τὲς χαρές,
ἀναβρύζοντας ὁλοῦθε, νέα, λαχταριστή, περιχυνόμενη εἰς
ὅλα τὰ ὄντα· ἡ ζωὴ ἀκέραιη, ἀπ᾿ ὅλα της φύσης τὰ μέρη,
θέλει νὰ καταβάλη τὴν ἀνθρώπινη ψυχή· θάλασσα, γῆ,
οὐρανός, συγχωνευμένα, ἐπιφάνεια καὶ βάθος
συγχωνευμένα, τὰ ὁποῖα πάλι πολιορκοῦν τὴν ἀνθρώπινη
φύση στὴν ἐπιφάνεια καὶ εἰς τὸ βάθος της.

Ἡ ὡραιότης τῆς φύσης, ποὺ τοὺς περιτριγυρίζει, αὐξαίνει εἰς
τοὺς ἐχθροὺς τὴν ἀνυπομονησία νὰ πάρουν τη χαριτωμένη
γῆ, καὶ εἰς τοὺς πολιορκημένους τὸν πόνο ὅτι θὰ τὴ χάσουν.

Ὁ Ἀπρίλης μὲ τὸν Ἔρωτα χορεύουν καὶ γελοῦνε,
κι ὅσ᾿ ἄνθια βγαίνουν καὶ καρποὶ τόσ᾿ ἄρματα σὲ κλειοῦνε.

Λευκὸ βουνάκι πρόβατα κινούμενο βελάζει
Καὶ μὲς τὴ θάλασσα βαθειὰ ξαναπετειέται πάλι,
Κι᾿ ὁλόλευκο ἐσύσμιξε μὲ τ᾿ οὐρανοῦ τὰ κάλλη.

Καὶ μὲς τῆς λίμνης τὰ νερά, ὅπ᾿ ἔφθασε μ᾿ ἀσπούδα
Ἔπαιξε μὲ τὸν ἴσκιο τῆς γαλάζια πεταλούδα,
Ποὺ εὐωδίασε τὸν ὕπνο της μέσα στὸν ἄγριο κρίνο·
Τὸ σκουληκάκι βρίσκεται σ᾿ ὥρα γλυκειὰ κ᾿ ἐκεῖνο.

Μάγεμα ἡ φύσις κι᾿ ὄνειρο στὴν ὀμορφιὰ καὶ χάρη,
Ἡ μαύρη πέτρα ὁλόχρυση καὶ τὸ ξερὸ χορτάρι·
Μὲ χίλιες βρύσες χύνεται, μὲ χίλιες γλῶσσες κρένει:
Ὅποιος πεθάνῃ σήμερα χίλιες φορὲς πεθαίνει.
Τρέμ᾿ ἡ ψυχὴ καὶ ξαστοχᾶ γλυκὰ τὸν ἑαυτό της.

III.

Ἐνῷ ἀκούεται τὸ μαγευτικὸ τραγούδι τῆς ἄνοιξης, ὁποῦ
κινδυνεύει νὰ ξυπνήσῃ εἰς τοὺς πολιορκημένους τὴν ἀγάπη
τῆς ζωῆς τόσον, ὥστε νὰ ὀλιγοστέψῃ ἡ ἀντρεία τους, ἕνας
τῶν Ἑλλήνων πολεμάρχων σαλπίζει κράζοντας τοὺς ἄλλους
εἰς συμβούλιο, καὶ ἡ σβημένη κλαγγή, ὁποῦ βγαίνει μέσ᾿
ἀπὸ τὸ ἀδυνατισμένο στῆθος του, φθάνοντας εἰς τὸ ἐχθρικὸ
στρατόπεδο παρακινεῖ ἕναν Ἀράπη νὰ κάμῃ ὅ,τι
περιγράφουν οἱ στίχοι 4-12.

«Σάλπιγγα, κόψ᾿ τοῦ τραγουδιοῦ τὰ μάγια μὲ βία,
γυναικός, γέροντος, παιδιοῦ, μὴν κόψουν τὴν ἀντρεία».

Χαμένη, ἀλίμονο, κι ὀκνὴ τὴ σάλπιγγα γρικάει·
ἀλλὰ πῶς φθάνει στὸν ἐχθρὸ καὶ κάθ᾿ ἠχὼ ξυπνάει;
Γέλιο στὸ σκόρπιο στράτευμα σφοδρὸ γεννοβολιέται,
κι ἡ περιπαίχτρα σάλπιγγα μεσουρανὶς πετιέται·
καὶ μὲ χαρούμενη πνοὴ τὸ στῆθος τὸ χορτάτο,
τ᾿ ἀράθυμο, τὸ δυνατό, κι ὅλο ψυχὲς γιομᾶτο,
βαρώντας γύρου ὁλόγυρα, ὁλόγυρα καὶ πέρα,
τὸν ὄμορφο τρικύμισε καὶ ξάστερον ἀέρα·
τέλος μακριὰ σέρνει λαλιά, σὰν τὸ πεσούμεν᾿ ἄστρο,
τρανὴ λαλιά, τρόμου λαλιά, ρητὴ κατὰ τὸ κάστρο.

IV.

Μόλις ἔπαυσε τὸ σάλπισμα ὁ Ἀράπης, μία μυριόφωνη βοὴ
ἀκούεται εἰς τὸ ἐχθρικὸ στρατόπεδο, καὶ ἡ βίγλα τοῦ
κάστρου, ἀχνὴ σὰν τὸ Χάρο, λέει τῶν Ἑλλήνων: «Μπαίνει ὁ
ἐχθρικὸς στόλος». Τὸ πυκνὸ δάσος ἔμεινε ἀκίνητο εἰς τὰ
νερά, ὅπου ἡ ἐλπίδα ἀπάντεχε νὰ ἰδεῖ τὰ φιλικὰ καράβια.
Τότε ὁ ἐχθρὸς ἐξανανέωσε τὴν κραυγή, καὶ εἰς αὐτὴν
ἀντιβόησαν οἱ νεόφθαστοι μέσ᾿ ἀπὸ τὰ καράβια. Μετὰ
ταῦτα μία ἀκατάπαυτη βροντὴ ἔκανε τὸν ἀέρα νὰ τρέμει
πολλὴ ὥρα, καὶ εἰς αὐτὴ τὴν τρικυμία

   Ἡ μαύρη γῆ σκιρτᾶ ὡς χοχλὸ μὲς τὸ νερὸ ποὺ βράζει.

- Ἕως ἐκείνη τὴ στιγμὴ οἱ πολιορκημένοι εἶχαν ὑπομείνει
πολλοὺς ἀγῶνες μὲ κάποιαν ἐλπίδα νὰ φθάση ὁ φιλικὸς
στόλος, καὶ νὰ συντρίψῃ ἴσως τὸν σιδερένιο κύκλο ὅπου τοὺς
περιζώνει· τώρα ὅπου ἔχασαν κάθε ἐλπίδα, καὶ ὁ ἐχθρὸς
τοὺς τάζει νὰ τοὺς χαρίσῃ τὴ ζωὴ ἂν ἀλλαξοπιστήσουν, ἡ
ὑστερινή τους ἀντίσταση τοὺς ἀποδείχνει Μάρτυρες.

V.

.... Στὴν πεισμωμένη μάχη
σφόδρα σκιρτοῦν μακριὰ πολὺ τὰ πέλαγα κι οἱ βράχοι,
καὶ τὰ γλυκοχαράματα, καὶ μὲς στὰ μεσημέρια,
κι ὅταν θολώσουν τὰ νερά, κι ὅταν ἐβγοῦν τ᾿ ἀστέρια.
Φοβοῦνται γύρου τὰ νησιά, παρακαλοῦν καὶ κλαῖνε,
κι οἱ ξένοι ναύκληροι μακριὰ πικραίνονται καὶ λένε:
«Ἀραπιᾶς ἄτι, Γάλλου νοῦς, σπαθὶ Τουρκιᾶς, μολύβι,
πέλαγο μέγα βράζ᾿ ὁ ἐχθρὸς πρὸς τὸ φτωχὸ καλύβι.

VI.

Ἕνας πολέμαρχος ξάφνου ἀπομακραίνεται ἀπὸ τὸν κύκλο,
ὅπου εἶναι συναγμένοι εἰς συμβούλιο γιὰ τὸ γιουρούσι, γιατὶ

τὸν ἐπλάκωσε ἡ ἐνθύμηση, τρομερὴ εἰς ἐκείνη τὴν ὥρα τῆς
ἄκρας δυστυχίας, ὅτι εἰς ἐκεῖνο τὸ ἴδιο μέρος, εἰς τὲς λαμπρὲς
ἡμέρες τῆς νίκης, εἶχε πέσει κοπιασμένος ἀπὸ τὸν πολεμικὸ
ἀγῶνα, καὶ αὐτοῦ ἐπρωτάκουσε, ἀπὸ τὰ χείλη τῆς
ἀγαπημένης του, τὸν ἀντίλαλο τῆς δόξας του, ὁποία ἕως
τότε εἶχε μείνει ἄγνωστη εἰς τὴν ἁπλὴ καὶ ταπεινὴ ψυχή του.

Μακρυὰ ἀπ᾽ ὅπ᾽ ἦτα᾽ ἀντίστροφος κι᾽ ἀκίνητος ἐστήθη·
Μόνε σφοδρὰ βροντοκοποῦν τ᾽ ἀρματωμένα στήθη·
Ἐχαμογέλασε πικρὰ κι ὁλούθενε κοιτάζει·
κι ἀνεῖ πολὺ τὰ βλέφαρα τὰ δάκρυα νὰ βαστάξουν:
-«Ἐκεῖ ῾ρθε τὸ χρυσότερο ἀπὸ τὰ ὀνείρατά μου·
μὲ τ᾽ ἄρματ᾽ ὅλα βρόντησα τυφλός του κόπου χάμου.
Φωνή ῾πε: «Ὁ δρόμος σου γλυκὸς καὶ μοσχοβολισμένος·
στὴν κεφαλή σου κρέμεται ὁ ἥλιος μαγεμένος·
παλληκαρᾶ καὶ μορφονιέ, γειά σου, καλέ, χαρά σου!
Ἄκου, νησιά, στεριὲς τῆς γῆς, ἐμάθαν τ᾽ ὄνομά σου! -
Τοῦτος, ἄχ, ποῦ ῾ν᾽ ὁ δοξαστὸς κι ἡ θεϊκιὰ θωριά του;
Ἡ ἀγκάλη μ᾽ ἔτρεμ᾽ ἀνοιχτὴ κατὰ τὰ γόνατά του».
Ἔρριξε χάμου τὰ χαρτιὰ μὲ τσ᾽ εἴδησες τοῦ κόσμου
ἡ κορασιὰ τρεμάμενη . . . .
Χαρὰ τῆς ἔσβυε τὴ φωνὴ ποῦν᾽ τώρα ἀποσβυμένη·
ἄμε, χρυσ᾽ ὄνειρο, καὶ σὺ μὲ τὴ σαβανωμένη!
Ἐδῶ ῾ναι χρεία νὰ κατεβῶ, νὰ σφίξω τὸ σπαθί μου,
πρὶν ὅλοι χάσουν τὴ ζωή, κι ἐγ᾽ ὅλη τὴν πνοή μου·
τὰ λίγα ἀπομεινάρια τῆς πείνας καὶ τσ᾽ ἀντρείας,
. . . .
γκόλφι νὰ τά ῾χω στὸ πλευρὸ καὶ νὰ τὰ βγάλω πέρα,
ποὺ μ᾽ ἔκραξαν μ᾽ ἀπαντοχή, φίλο, ἀδελφό, πατέρα·
Δρόμ᾽ ἀστραφτὰ νὰ σχίσω τοὺς σ᾽ ἐχθροὺς καλὰ θρεμμένους,
σ᾽ ἐχθροὺς πολλούς, πολλ᾽ ἄξιους, πολλὰ φαρμακωμένους·
νὰ μείνης, χῶμα πατρικό, γιὰ μισητὸ ποδάρι·
ἡ μαύρη πέτρα σου χρυσῆ καὶ τὸ ξερὸ χορτάρι.»
Ἦταν μὲ σένα τρεῖς χαρὲς στὴν πίκρα φυτρωμένες,

ὅμως γιὰ μένα στὴ χαρὰ τρεῖς πίκρες ριζωμένες».

«Θύρες ἀνοίξτ᾽ ὁλόχρυσες γιὰ τὴν γλυκειὰν ἐλπίδα.»

VII.

- «Κρυφὴ χαρά ᾽στραψε σ᾽ ἐσέ· κάτι καλό ᾽χει ὁ νοῦς σου
πές, νὰ τὸ ξεμυστηρευτεῖς θὲς τ᾽ ἀδελφοποιτοῦ σου;».

-«Ψυχὴ μεγάλη καὶ γλυκειά, μετὰ χαρᾶς σ᾽ τὸ λέω:
Θαυμάζω τὲς γυναῖκες μας καὶ στ᾽ ὄνομά τους μνέω.

Ἐφοβήθηκα κάποτε μὴ δειλιάσουν καὶ τὲς ἐπαρατήρησα
ἀδιάκοπα.

Ἀπόψε, ἐνῷ εἶχαν τὰ παράθυρα ἀνοιχτὰ γιὰ τὴ δροσιά, μία
ἀπ᾽ αὐτές, ἡ νεώτερη, ἐπῆγε νὰ τὰ κλείσει, ἀλλὰ μία ἄλλη
τῆς εἶπε: «Ὄχι, παιδί μου· ἄφησε νὰ ᾽μπεῖ ἡ μυρωδιὰ ἀπὸ τὰ
φαγητά· εἶναι χρεία νὰ συνηθίσουμε».

Κι ἔτσι λέγοντας ἐματάνοιξε τὸ παράθυρο, καὶ ἡ πολλὴ
μυρωδιὰ τῶν ἀρωμάτων ἐχυνότουν μέσα κι ἐγιόμισε τὸ
δωμάτιο.

Καὶ ἡ πρώτη εἶπε: «Καὶ τὸ ἀεράκι μας πολεμάει».

Μία ἄλλη ἔστεκε σιμὰ εἰς τὸ ἑτοιμοθάνατο παιδί της.

Καὶ ἄλλη εἶπε χαμογελώντας, νὰ διηγηθεῖ καθεμία τ᾽ ὄνειρό
της.

Καὶ μία εἶπε: «Μοῦ ἐφαινότουν ὅτι ὅλοι ἐμεῖς, ἄντρες καὶ
γυναῖκες, παιδιὰ καὶ γέροι, ἤμαστε ποτάμια, ποιὰ μικρά,
ποιὰ μεγάλα, κι ἐτρέχαμε ἀνάμεσα εἰς τόπους φωτεινούς, εἰς
τόπους σκοτεινούς, σὲ λαγκάδια, σὲ γκρεμούς, ἀπάνου
κάτου, κι ἔπειτα ἐφθάναμε μαζὶ στὴ θάλασσα μὲ πολλὴ

όρμή».

Καὶ μία δεύτερη εἶπε:

Ἐγώ 'δα δάφνες. - Κι ἐγὼ φῶς ....

- Κι ἐγὼ σ' φωτιὰ μίαν ὄμορφη π' ἀστράφταν τὰ μαλλιά της.

Καὶ ἀφοῦ ὅλες ἐδιηγήθηκαν τὰ ὀνείρατά τους, ἐκείνη ποὖχε τὸ παιδὶ ἑτοιμοθάνατο εἶπε: «Ἰδές, καὶ εἰς τὰ ὀνείρατα ὁμογνωμοῦμε, καθὼς εἰς τὴ θέληση καὶ εἰς ὅλα τ' ἄλλα ἔργα». Καὶ ὅλες οἱ ἄλλες ἐσυμφώνησαν κι ἐτριγυρίσαν μὲ ἀγάπη τὸ παιδί της πού 'χε ξεψυχήσει.

Ἰδού, αὐτὲς οἱ γυναῖκες φέρνονται θαυμαστά· αὐτὲς εἶναι μεγαλόψυχες, καὶ λένε ὅτι μαθαίνουν ἀπό μας· δὲ δειλιάζουν, μολονότι τοὺς ἐπάρθηκε ἡ ἐλπίδα ποὺ εἶχαν νὰ γεννήσουν τέκνα γιὰ τὴ δόξα καὶ γιὰ τὴν εὐτυχία. Ἐμεῖς λοιπὸν μποροῦμε νὰ μάθουμε ἀπ' αὐτὲς καὶ νὰ τὲς λατρεύουμε ἕως τὴν ὕστερη ὥρα.

Πές μου καὶ σὺ τώρα γιατί ἐχθές, ὕστερ' ἀπὸ τὸ συμβούλιο, ἐνῷ ἐστεκόμαστε σιωπηλοί, ἀπομακρύνθηκες ταραγμένος·

Νὰ μοῦ τὸ πῆς νὰ τόχω 'γὼ γκολφισταυρὸ στὸν ἄδη.

Ἐχαμογέλασε πικρά, κι' ὁλούθενε κοιτάζει·
Κι' ἀνεῖ πολὺ τὰ βλέφαρα τὰ δάκρυα νὰ βαστάξουν.

VIII.

IX.

Ἐτοῦτ᾽ εἶν᾽ ὕστερη νυχτιά· ὅλα τ᾽ ἀστέρια βγάνει·
ὁλονυχτὶς ἀνέβαινε ἡ δέηση, τὸ λιβάνι.

Ὁ Ἀράπης, τραυηγμένος ἀπὸ τὴ μυρωδιὰ ποὺ ἐσκορποῦσε τὸ
θυμίαμα, περίεργος καὶ ἀνυπόμονος, μὲ βιαστικὰ πατήματα
πλησιάζει εἰς τὸ τεῖχος,
Καὶ ἀπάνου, ἀνάγκη φοβερή! σκυλὶ δὲν τοῦ ᾽λυχτάει.

Καὶ ἀκροάζεται· ἀλλὰ τὴ νυχτικὴ γαλήνη δὲν ἀντίσκοβε μήτε
φωνή, μήτε κλάψα, μήτε ἀναστεναγμός· ἤθελε πεῖς ὅτι εἶχε
παύσει ἡ ζωή· οἱ ἥρωες εἶναι ἑνωμένοι καί, μέσα τους λόγια
λένε

Γιὰ τὴν αἰωνιότητα, ποὺ μόλις τὰ χωράει·
Στὰ μάτια καὶ στὸ πρόσωπο φαίνονται οἱ στοχασμοί τους·
Τοὺς λέει μεγάλα καὶ πολλὰ ἡ τρίσβαθη ψυχή τους.
Ἀγάπη κι ἔρωτας καλοῦ τὰ σπλάχνα τους τινάζουν.
Τὰ σπλάχνα τους κι ἡ θάλασσα ποτὲ δὲν ἡσυχάζουν·
Γλυκιὰ κι ἐλεύθερ᾽ ἡ ψυχὴ σὰ νά ᾽τανε βγαλμένη,
Κι ὑψῶναν μὲ χαμόγελο τὴν ὄψη τὴ φθαρμένη.

X.

Αφου ἔκαψαν τὰ κρεβάτια, οἱ γυναῖκες παρακαλοῦν τοὺς
ἄντρες νὰ τὲς ἀφήσουν νὰ κάμουνε ἀντάμα, εἰς τὸ σπήλαιο,
τὴν ὑστερινὴ δέηση. Μι᾽ ἀπ᾽ αὐτές, ἡ γεροντότερη, μιλεῖ γιὰ
τὲς ἄλλες: «Ἄκουσε, παιδί μου, καὶ τοῦτο ἀπὸ τὸ στόμα μου,

Ποὺμ᾽ ὅλη κάτου ἀπὸ τὴ γῆ κι᾽ ἕνα μπουτσούνι ἀπ᾽ ἔξω.
Ὁρκίζουν σε στὴ στάχτ᾽ αὐτὴ ....
Καὶ στὰ κρεβάτια τ᾽ ἄτυχα μὲ τὸ σεμνὸ στεφάνι·

Ν᾽ ἀφῆστε σᾶς παρακαλοῦν νὰ τρέξουμε σ᾽ ἐκεῖνο,
Νὰ κάμουμ᾽ ἅμα τὸ στερνὸ χαιρετισμὸ καὶ θρῆνο.»
Κι᾽ ἐπειδὴ ἐκεῖνος ἀργοῦσε ὀλίγο νὰ δώσῃ τὴν ἀπόκριση,
Ὅλες στὴ γῆ τὰ γόνατα ἐχτύπησαν ὀμπρός του,
Κι᾽ ἐβάστααν ὅλες κατ᾽ αὐτὸν τὴ χοῦφτα σηκωμένη,
Καὶ μὲ πικρὸ χαμόγελο τὴν ὄψη τὴ φθαρμένη,
Σὰ νἄθελ᾽ ἔσπλαχνα ὁ Θεὸς βρέξῃ ψωμὶ σ᾽ ἐκεῖνες.

XI.

Οἱ γυναῖκες, εἰς τὲς ὁποῖες ἕως τότε εἶχε φανῆ ὅμοια
μεγαλοψυχία μὲ τοὺς ἄντρες, ὅταν δέονται καὶ αὐτές,
δειλιάζουν λιγάκι καὶ κλαῖνε· ὅθεν προχωρεῖ ἡ Πράξῃ· διότι
ὅλα τὰ φερσίματα τῶν γυναικῶν ἀντιχτυποῦν εἰς τὴν
καρδιὰ τῶν πολεμιστάδων, καὶ αὐτὴ εἶναι ἡ ὑστερινὴ
ἐξωτερικὴ δύναμη ποὺ τοὺς καταπολεμάει, ἀπὸ τὴν ὁποίαν,
ὡς ἀπ᾽ ὅλες τες ἄλλες, αὐτοὶ βγαίνουν ἐλεύθεροι.

XII.

Εἶναι προσωποποιημένη ἡ Πατρίδα, ἡ Μεγάλη Μητέρα,
θεάνθρωπη, ὥστε νὰ αἰσθάνεται ὅλα τὰ παθήματα, καὶ
καθαρίζοντάς τὰ εἰς τὴ μεγάλη ψυχή της νὰ ἀναπνέη τὴν
Παράδεισο·

Πολλὲς πληγὲς κι᾽ ἐγλύκαναν γιατ᾽ ἔσταξ᾽ ἁγιομύρος.

Μένει ἄγρυπνη μέρα καὶ νύχτα, καρτερώντας τὸ τέλος τοῦ
ἀγῶνος· δὲν τὰ φοβᾶται τὰ παιδιά της μὴ δειλιάσουν· εἰς τὰ
μάτια της εἶναι φανερὰ τὰ πλέον ἀπόκρυφα τῆς ψυχῆς τους·

Στοῦ τέκνου σύρριζα τὸ νοῦ, Θεοῦ τῆς μάνας μάτι·
Λόγο, ἔργο, νόημα . . . .
Ἀπὸ τὸ πρῶτο μίλημα στὸν ἀγγελοκρουμό του.

Γιὰ τοῦτο αὐτὴ εἶναι

Ἥσυχη γιὰ τὴ γνώμη τους, ἀλλ᾽ ὄχι γιὰ τὴ Μοῖρα,
Καὶ μὲς στὴν τρίσβαθη ψυχὴ ὁ πόνος της πλημμύρα,
Ἐπειδὴ βλέπει τὸν ἐχθρὸν ἄσπονδον, ἄπονον ἀπὸ τὸ πολὺ
πεῖσμα, καὶ καταλαβαίνει ὅτι ἂν τὸ Ἔλεος ἔχυνε μὲς στὰ
σπλάχνα του ὅλους τοὺς θησαυρούς του, τοῦτοι
Τριαντάφυλλά ᾽ναι θεϊκὰ στὴν κόλαση πεσμένα.

XIII.

Μένουν οἱ Μάρτυρες μὲ τὰ μάτια προσηλωμένα εἰς τὴν
ἀνατολή, νὰ φέξη γιὰ νὰ βγοῦνε στὸ γιουρούσι, καὶ ἡ
φοβερὴ αὐγή.

Μνήσθητι, Κύριε, -εἶναι κοντά· Μνήσθητι, Κύριε, ἐφάνη!
ἐπάψαν τὰ φιλιὰ στὴ γῆ . . . .
Στὰ στήθια καὶ στὸ πρόσωπο, στὰ χέρια καὶ στὰ πόδια.
Μιὰ φούχτα χῶμα νὰ κρατῶ καὶ νὰ σωθῶ μ᾽ ἐκεῖνο.

Ἰδού, σεισμὸς καὶ βροντισμός, κι ἐβάστουναν ἀκόμα,
ποὺ ὁ κύκλος φθάνει ὁ φοβερὸς μὲ τὸν ἀφρὸ στὸ στόμα·
κι ἐσκίστη ἀμέσως, κι ἔβαλε στῆς Μάνας τὰ ποδάρια,
τῆς πείνας καὶ τοῦ . . . . . . τὰ λίγα ἀπομεινάρια·
τ᾽ ἀπομεινάρια ἀνέγγιαγα καὶ κατατρομασμένα,
τὰ γόνατα καὶ τὰ σπαθιὰ τὰ ᾽ματοκυλισμένα.

XIV.

Τὸ μάτι μου ἔτρεχε ρονιά, κι᾽ ὀμπρός του δὲν ἐθώρα,
κι᾽ ἔχασα αὐτὸ τὸ θεϊκὸ πρόσωπο γιὰ πολλὴ ὥρα,
π᾽ ἄστραψε γέλιο ἀθάνατο, παιχνίδι τῆς χαρᾶς του,
στὸ φῶς τῆς καλωσύνης του, στὸ φῶς τῆς ὀμορφιᾶς του.

XV.

Ἔχε ὅσες ἔχ᾽ ἡ Ἀνατολὴ κι᾽ ὅσες εὐχὲς ἡ Δύση.

XVI.

Μ᾽ ὅλον ποὺ τότ᾽ ἀσάλευτος στὸ νοῦ μ᾽ ὁ νιὸς ἐστήθη,
κ᾽ εἶχε τὸν ἥλιο πρόσωπο καὶ τὸ φεγγάρι στήθη.

XVII.

Κι᾽ ἄνθιζε μέσα μου ἡ ζωὴ μ᾽ ὅλα τὰ πλούτια πῶχει.

XVIII.

Συχνὰ τὰ στήθια ἐκούρασα, ποτὲ τὴν καλωσύνη.

XIX.

Ὁ υἱός σου κρίνος μὲ δροσιὰ φεγγαροστολισμένος.

XX.

Στὸν ὕπνο της μουρμούριζε τὴν κλάψα τῆς τρυγόνας.

XXI.

Ἀνάξιε δοῦλε τοῦ Χριστοῦ, κάτου τὰ γόνατά σου.

XXII.

Γιά, κοίτα ᾽κεῖ χάσμα σεισμοῦ βαθιὰ στὸν τοῖχο πέρα,
καὶ βγαίνουν ἄνθια πλουμιστά, καὶ τρέμουν στὸν ἀέρα.
λούλουδα μύρια, προκαλοῦν χρυσὸ μελισσολόϊ,
ἄσπρα, γαλάζια, κόκκινα, καὶ κρύβουνε τὴ χλόη.

XXIII.

Χιλιάδες ἦχοι ἀμέτρητοι, πολὺ βαθυὰ στὴ χτίσι.
ἡ Ἀνατολὴ τ᾽ ἀρχίναγε κ᾽ ἐτέλειωνε τὸ ἡ Δύσι.
Κάποι ἀπὸ τὴν Ἀνατολή, κι᾽ ἀπὸ τὴ Δύσι κάποι.
κάθ᾽ ἦχος εἶχε καὶ χαρά, κάθε χαρὰ κι᾽ ἀγάπη.

XXIV.

Κάνε σιμὰ κ᾽ εἶναι ψιλές, κάνε βαρειὲς καὶ πέρα,
σὰν τοῦ Μαϊοῦ τὲς εὐωδιὲς γιομόζαν τὸν ἀέρα.

XXV.

Ἡ ὄψη ὀμπρός μου φαίνεται, καὶ μὲς τὴ θάλασσ᾽ ὄχι,
ὄμορφη ὡς εἶναι τ᾽ ὄνειρο μ᾽ ὅλα τὰ μάγια πὤχει·

XXVI.

Χρυσ᾽ ὄνειρο ἠθέλησε τὸ πέλαγο ν᾽ ἀφήσῃ,
τὸ πέλαγο, ποὺ πάτουνε χωρὶς νὰ τὸ συγχίσῃ.

XXVII.

Κ᾽ ἔφυγε τὸ χρυσ᾽ ὄνειρο ὡς φεύγουν ὅλα τ᾽ ἄλλα.

XXVIII.

Ἦταν μὲ σένα τρεῖς χαρὲς στὴν πίκρα φυτρωμένες,
ὅμως γιὰ μένα στὴν χαρὰ τρεῖς πίκρες ριζωμένες.

XXIX.

Ὅλοι σὰν ἕνας, ναί, χτυποῦν, ὅμως ἐσὺ σὰν ὅλους.

XXX.

Τοῦ πόνου ἐστρέψαν οἱ πηγὲς ἀπὸ τὸ σωθικό μου,
ἔστρωσ᾽ ὁ νοῦς, κ᾽ ἀνέβηκα πάλι στὸν ἑαυτό μου.

XXXI.

Τὸ γλυκὸ σπίτι τῆς ζωῆς, ποὔχε χαρὰ καὶ δόξα.

XXXII.

Παράπονο χαμὸς καιροῦ σ᾽ ὅ,τι κανεὶς κι᾽ ἂ χάσῃ.

XXXIII.

87

Χαρὰ στὰ μάτια μου νὰ ἰδῶ τὰ πολυαγαπημένα,
ποὺ μῶδειξε σκληρ᾽ ὄνειρο στὸ σάβανο κλεισμένα.

XXXIV.

.... Καὶ μετὰ βίας
τί μῶστειλες, χρυσοπηγὴ τῆς Παντοδυναμίας;

XXXV.

Ἔστρωσ᾽, ἐδέχθ᾽ ἡ θάλασσα ἄντρες ριψοκινδύνους,
κ᾽ ἐδέχθηκε στὰ βάθη τους τὸν οὐρανὸ κ᾽ ἐκείνους.

XXXVI.

Πάντ᾽ ἀνοιχτά, πάντ᾽ ἄγρυπνα, τὰ μάτια τῆς ψυχῆς μου.

XXXVII.

Ὁποὺν᾽ ἐρμιὰ καὶ σκοτεινιὰ καὶ τοῦ θανάτου σπίτι.

XXXVIII.

Τὸ πολιορκούμενο Μεσολόγγι ἔχει τριγύρου χάντακα,
Πῶφαγε κόκκαλο πολὺ τοῦ Τούρκου καὶ τ᾽ Ἀράπη.

XXXIX.

Χθὲς πρωτοχάρηκε τὸ φῶς καὶ τὸν γλυκὸν ἀέρα.

XL.

Πάλι μοῦ ξίππασε τ᾽ αὐτὶ γλυκειᾶς φωνῆς ἀγέρας.

XLI.

Ὀλίγο φῶς καὶ μακρυνὸ σὲ μέγα σκότος κ᾽ ἔρμο.

XLII.

Κι᾽ ὅπου ἡ βουλή τους συφορά, κι᾽ ὅπου τὸ πόδι χάρος.

XLIII.

Σὲ βυθὸ πέφτει ἀπὸ βυθὸ ὡς ποὺ δὲν ἦταν ἄλλος·
ἐκεῖθ᾿ ἐβγῆκε ἀνίκητος.

XLIV.

Φῶς ποὺ πατεῖ χαρούμενο τὸν Ἄδη καὶ τὸ Χάρο.

XLV.

(Ὁ ἀριθμὸς τοῦ ἐχθροῦ),
Τόσ᾿ ἄστρα δὲν ἐγνώρισεν ὁ τρίσβαθος αἰθέρας.

XLVI.

(Ἡ Ἐλπίδα περνάει ἀπὸ φριχτὴν ἐρημία μὲ)
Τὰ χρυσοπράσινα φτερὰ γιομᾶτα λουλουδάκια.

XLVII.

Χάνονται τ᾿ ἄνθη τὰ πολλά, ποῦχ᾿ ἄσπρα μὲ τὰ φύλλα.

XLVIII.

Γιὰ νὰ μοῦ ξεμυστηρευθῇ τὰ αἰνίγματα τὰ θεῖα.

XLIX.

Σ᾿ ἐλέγχ᾿ ἡ πέτρα ποὺ κρατεῖς, καὶ κλεῖ φωνὴ κι᾿ αὐτήνη.

L.

Μὲς τ᾿ Ἅγιο Βῆμα τῆς ψυχῆς.

LI.

Ἡ δύναμή σου πέλαγο, κ᾿ ἡ θέλησή μου βράχος.

LII.

Στὸν κόσμο τοῦτον χύνεται καὶ σ᾿ ἄλλους κόσμους φθάνει.

LIII.

Μὲ φουσκωμένα τὰ πανιὰ περήφανα κι᾽ ὡραῖα.

LIV.

Πολλοί ᾽ν᾽ οἱ δρόμοι πὤχει ὁ νοῦς.

LV.

(Ἡ βοὴ τοῦ ἐχθρικοῦ στρατόπεδου παρομοιάζεται μὲ τὸν
ἄνεμο),
Ὅπου περνάει τὸ πέλαγο καὶ κόβεται στὸ βράχο.

LVI.

Καὶ τὸ τριφύλλι ἐχόρτασε καὶ τὸ περιπλοκάδι,
κ᾽ ἐχόρευε, κ᾽ ἐβέλαζε, στὸ φουντωτὸ λιβάδι.

LVII.

Ὦ γῆ . . . .
Ὁ Οὐρανὸς σὲ προσκαλεῖ, κ᾽ ἡ κόλασι βρυχίζει.

LVIII.

Καὶ μὲ τὸ ροῦχο ὁλόμαυρο σὰν τοῦ λαγοῦ τὸ αἷμα.

LIX.

Καὶ τὲς ἀτάραχες πνοὲς τὲς πολυαγαπημένες.

LX.

(Οἱ Ἕλληνες, μὲ τὴν ἐλπίδα νὰ φθάσῃ ὁ φιλικὸς στόλος,
κοιτάζουν τὸν μακρινὸ ξάστερον ὁρίζοντα κι᾽ εὔχονται)
Νὰ θόλωνε στὰ μάτια τους μὲ κάτι, ποὺ προβαίνει.

LXI.

Κ᾽ ἐπότισέ μου τὴν ψυχὴ ποὺ χόρτασεν ἀμέσως.

ΣΧΕΔΙΑΣΜΑ Γ΄

I.

Μητέρα, μεγαλόψυχη στὸν πόνο καὶ στὴ δόξα,
κι ἂν στὸ κρυφὸ μυστήριο ζοῦν πάντα τὰ παιδιά σου
μὲ λογισμὸ καὶ μ᾽ ὄνειρο, τί χάρ᾽ ἔχουν τὰ μάτια,
τὰ μάτια τοῦτα, νὰ σ᾽ ἰδοῦν μὲς στὸ πανέρμο δάσος,
ποὺ ξάφνου σοῦ τριγύρισε τ᾽ ἀθάνατα ποδάρια
(κοίτα) μὲ φύλλα τῆς Λαμπρῆς, μὲ φύλλα τοῦ Βαϊῶνε!
Τὸ θεϊκό σου πάτημα δὲν ἄκουσα, δὲν εἶδα·
ἀτάραχη σὰν οὐρανὸς μ᾽ ὅλα τὰ κάλλη πῶχει,
ποὺ μέρη τόσα φαίνονται καὶ μέρη ᾽ναι κρυμμένα!
Ἀλλά, Θεά, δὲν ἠμπορῶ ν᾽ ἀκούσω τὴ φωνή σου,
κι εὐθὺς ἐγὼ τ᾽ ἑλληνικοῦ κόσμου νὰ τὴ χαρίσω;
Δόξα ᾽χ᾽ ἡ μαύρη πέτρα του καὶ τὸ ξερὸ χορτάρι.

(Ἡ Θεὰ ἀπαντάει εἰς τὸν ποιητὴ καὶ τὸν προστάζει νὰ ψάλῃ
τὴν πολιορκία τοῦ Μεσολογγιοῦ).

II.

Ἔργα καὶ λόγια, στοχασμοί, -στέκομαι καὶ κοιτάζω,-
Λούλουδα μύρια, πούλουδα, ποὺ κρύβουν τὸ χορτάρι,
Κι᾽ ἄσπρα, γαλάζια, κόκκινα, καλοῦν χρυσὸ μελίσσι.
Ἐκεῖθε μὲ τοὺς ἀδελφούς, ἐδῶθε μὲ τὸν Χάρο.

Μὲς στὰ χαράματα συχνά, καὶ μὲς στὰ μεσημέρια,
καὶ σὰ θολώσουν τὰ νερά, καὶ τ᾽ ἄστρα σὰν πληθύνουν,
ξάφνου σκιρτοῦν οἱ ἀκρογιαλιές, τὰ πέλαγα κι οἱ βράχοι.
«Ἀραπιᾶς ἄτι, Γάλλου νοῦς, βόλι Τουρκιᾶς, τόπ᾽ Ἄγγλου!
Πέλαγο μέγα πολεμᾶ, βαρεῖ τὸ καλυβάκι·
κι ἀλιά, σὲ λίγο ξέσκεπα τὰ λίγα στήθια μένουν!
Ἀθάνατή ᾽σαι, ποὺ ποτέ, βροντή, δὲν ἡσυχάζεις;»
Στὴν πλώρη, ποὺ σκιρτᾶ, γυρτός, τοῦτα ᾽π᾽ ὁ ξένος ναύτης.
Δειλιάζουν γύρου τὰ νησιά, παρακαλοῦν καὶ κλαῖνε,
καὶ μὲ λιβάνια δέχεται καὶ φῶτα τὸν καημό τους

ὁ σταυροθόλωτος ναὸς καὶ τὸ φτωχὸ ξωκκλήσι.
Τὸ μῖσος ὅμως ἔβγαλε καὶ ῾κεῖνο τὴ φωνή του:
«Ψαροῦ, τ᾽ ἀγκίστρι π᾽ ἄφησες, ἀλλοῦ νὰ ρίξης ἄμε.»

II δίς. (Παραλλαγή)

Μὲς στὰ χαράματα συχνά, καὶ μὲς στὰ μεσημέρια,
κι ὅταν θολώσουν τὰ νερά, κι ὅταν πληθύνουν τ᾽ ἄστρα,
ξάφνου σκιρτοῦν οἱ ἀκρογιαλιές, τὰ πέλαγα κι οἱ βράχοι.
Γέρος μακριά, π᾽ ἀπίθωσε στ᾽ ἀγκίστρι τὴ ζωή του,
τὸ πέταξε, τ᾽ ἀστόχησε, καὶ περιτριγυρνώντας:
«Ἀραπιᾶς ἄτι, Γάλλου νοῦς, βόλι Τουρκιᾶς, τοπ᾽ Ἄγγλου!
Πέλαγο μέγ᾽, ἀλίμονο, βαρεῖ τὸ καλυβάκι·
σὲ λίγην ὥρα ξέσκεπα τὰ λίγα στήθη μένουν!
Ἀθάνατή ῾σαι, ποὺ ποτέ, βροντή, δὲν ἡσυχάζεις;»

III.

Δὲν τοὺς βαραίν᾽ ὁ πόλεμος, ἀλλ᾽ ἔγινε πνοή τους,
.... κ᾽ ἐμπόδισμα δὲν εἶναι
στὲς κορασιὲς νὰ τραγουδοῦν, καὶ στὰ παιδιὰ νὰ παίζουν.

IV.

Ἀπὸ τὸ μαῦρο σύγνεφο κι᾽ ἀπὸ τὴ μαύρη πίσσα,
....
Ἀλλ᾽ ἥλιος, ἀλλ᾽ ἀόρατος αἰθέρας κοσμοφόρος,
ἀπὸ τὸ μαῦρο σύγνεφο κι ἀπὸ τὴ μαύρη πίσσα,
ὁ στύλος φανερώνεται, μὲ κάτου μαζωμένα
τὰ παλληκάρια τὰ καλά, μ᾽ ἀπάνου τὴ σημαία,
ποὺ μουρμουρίζει καὶ μιλεῖ καὶ τὸ Σταυρὸν ἁπλώνει
παντόγυρα στὸν ὄμορφον ἀέρα τῆς ἀντρείας.
Κι ὁ οὐρανὸς καμάρωνε, κι ἡ γῆ χεροκροτοῦσε·
κάθε φωνὴ κινούμενη κατὰ τὸ φῶς μιλοῦσε,
κι ἐσκόρπα τὰ τρισεύγενα λουλούδια τῆς ἀγάπης:
«Ὄμορφη, πλούσια, κι ἄπαρτη, καὶ σεβαστή, κι᾽ ἁγία!»

V.

Ἀπὸ τὴν ἄπειρην ἐρμιὰ τὰ μάτια μαθημένα
Χαμογελάσαν κι᾿ ἄστραψαν, κ᾿ εἶπαν τὰ μαῦρα χείλη:
«Παιδί, στὴν πόρτα χαίρεσαι μὲ τὴ βοή, ποὺ στέρνεις·
Μπροστά, λαγέ, στὸν κυνηγό, κατακαμπῆς καπνίζεις·
Γλάρε, στρειδόφλουντσα ξερνᾶς, ἀφρό, σαλιγκοκαύκι.»
Καὶ τώρα δά, τ᾿ ἀράθυμο πάτημ᾿ ἀργοπορώντας,
κατὰ τὸ κάστρο τὸ μικρὸ πάλε κοιτᾶ, καὶ σφίγγει,
σφίγγει στενὰ τὴ σπάθα του στὸ λαβωμένο στῆθος,
ποὺ μέσα ἀγρίκα τὴν ψυχὴ μεγάλη καὶ τὴ θλίψη.

VI.

Ὁ Πειρασμός.

Ἔστησ᾿ ὁ Ἔρωτας χορὸ μὲ τὸν ξανθὸν Ἀπρίλη,
Κι᾿ ἡ φύσις ηὗρε τὴν καλὴ καὶ τὴ γλυκιά της ὥρα,
Καὶ μὲς στὴ σκιὰ ποὺ φούντωσε καὶ κλεῖ δροσιὲς καὶ
μόσχους
Ἀνάκουστος κιλαϊδισμὸς καὶ λιποθυμισμένος.
Νερὰ καθάρια καὶ γλυκά, νερὰ χαριτωμένα,
Χύνονται μὲς στὴν ἄβυσσο τὴ μοσχοβολισμένη,
Καὶ παίρνουνε τὸ μόσχο της, κι᾿ ἀφήνουν τὴ δροσιά τους,
Κι᾿ οὖλα στὸν ἥλιο δείχνοντας τὰ πλούτια της πηγῆς τους,
Τρέχουν ἐδῶ, τρέχουν ἐκεῖ, καὶ κάνουν σὰν ἀηδόνια.
Ἐξ᾿ ἀναβρύζει κι᾿ ἡ ζωή, σ᾿ γῆ, σ᾿ οὐρανό, σὲ κύμα.
Ἀλλὰ στῆς λίμνης τὸ νερό, π᾿ ἀκίνητό ᾿ναι κι ἄσπρο,
Ἀκίνητ᾿ ὅπου κι᾿ ἂν ἰδῆς, καὶ κάτασπρ᾿ ὡς τὸν πάτο,
Μὲ μικρὸν ἴσκιον ἄγνωρον ἔπαιξ᾿ ἡ πεταλούδα,
Ποῦ ᾿χ᾿ εὐωδίσει τς ὕπνους της μέσα στὸν ἄγριο κρίνο.
Ἀλαφροΐσκιωτε καλέ, γιὰ πὲς ἀπόψε τί ᾿δες·
Νύχτα γιομάτη θαύματα, νύχτα σπαρμένη μάγια!
Χωρὶς ποσῶς γῆς, οὐρανὸς καὶ θάλασσα νὰ πνένε,
Οὐδ᾿ ὅσο κάν᾿ ἡ μέλισσα κοντὰ στὸ λουλουδάκι,
Γύρου σὲ κάτι ἀτάραχο π᾿ ἀσπρίζει μὲς στὴ λίμνη,
Μονάχο ἀνακατώθηκε τὸ στρογγυλὸ φεγγάρι,
Κι᾿ ὅμορφη βγαίνει κορασιὰ ντυμένη μὲ τὸ φῶς του.

VII.

Ἕρμα 'ν' τὰ μάτια, ποὺ καλεῖς, χρυσὲ ζωῆς ἀέρα.

VIII.

Εἰς τὸ ποίημα ἕν' ἀπὸ τὰ σημαντικότερα πρόσωπα ἦταν μία κόρη, ὀρφανή, τὴν ὁποίαν οἱ ἄλλες πλέον ἡλικιωμένες γυναῖκες εἶχαν ἀναθρέψει καὶ τὴν ἀγαποῦσαν ὅλες ὡς θυγατέρα τους. Πέφτει εἰς τὸν πόλεμον ἕνας τῶν ἐνδοξοτέρων ἀγωνιστάδων, τὸν ὁποῖον αὐτὴ εἶχε ἀγαπήσει εἰς τὸν καιρὸν τῆς εὐτυχίας· ὥστε ἀπὸ τὸ ἄκρο της ἐλπίδας ἡ καρδιά της βυθίζεται εἰς τὴν λύπη· εὑρίσκει ὅμως παρηγορία κοιτάζοντας τ' ἀγαπημένα πρόσωπα καὶ τὸ ὑψηλὸ παράδειγμα τῶν ἄλλων γυναικῶν. Αὐτὰ ἀρκοῦν νὰ διαφωτίσουν ὁπωσδήποτε τοῦτο τὸ κομμάτι, εἰς τὸ ὁποῖον ἡ ἐνθουσιασμένη νέα στρέφεται νοερῶς πρὸς τὸν Ἄγγελο, τὸν ὁποῖον εἶδε στ' ὄνειρό της νὰ τῆς προσφέρῃ τὰ φτερά του· γυρίζει ἔπειτα πρὸς τὲς γυναῖκες νὰ τοὺς εἰπῇ, ὅτι αὐτὴ τὰ θέλει τὰ φτερὰ πραγματικῶς, ἀλλ' ὄχι γιὰ νὰ φύγῃ, ἀλλὰ γιὰ νὰ τὰ κρατῇ κλεισμένα ἐκεῖ κοντά τους καὶ νὰ περιμείνῃ μαζί τους τὴν ὥρα τοῦ θανάτου. Μετὰ ταῦτα ἀνατρέχει ἡ φαντασία της εἰς ἄλλα περασμένα· πῶς τὴν ἐπαρηγοροῦσαν, ἐνῷ ἐκείτετο ἄρρωστη, «οἱ ἀτάραχες πνοὲς οἱ πολυαγαπημένες» τῶν ἄλλων γυναικῶν ὅπου ἐκοιμοῦνταν κοντά της· καὶ τέλος πῶς εἶχε ἰδεῖ τὸν νέον νὰ χορεύῃ, εἰς τὴ χαρμόσυνη ἡμέρα τῆς νίκης.

«Ἄγγελε, μόνο στ' ὄνειρο μοῦ δίνεις τὰ φτερά σου;
Στ' ὄνομ' Αὐτοῦ ποὺ σ' τά 'πλασε, τ' ἀγγειὸ τσ' ἑρμιᾶς τὰ θέλει.
Ἰδοὺ ποὺ τὰ σφυροκοπῶ στὸν ἀνοιχτὸν ἀέρα,
χωρὶς φιλί, χαιρετισμό, ματιά, βασίλισσές μου!
Τὰ θέλω γώ, νὰ τά 'χω γώ, νὰ τὰ κρατῶ κλεισμένα,
ἐδῶ π' ἀγάπης τρέχουνε βρύσες χαριτωμένες.

Κι' ἄκουα ποὺ 'λέγετε: «Πουλί, γλυκιὰ ποῦν' ἡ φωνή σου!»
Ἀηδονολάλειε στῆθος μου, πρὶν τὸ σπαθὶ σὲ σχίσῃ·

Καλὲς πνοὲς παρηγοριὰ στὴ βαριὰ νύχτα κι᾿ ἔρμη·
Μὲ σᾶς νὰ πέσω στὸ σπαθί, κι᾿ ἄμποτε νἆμαι πρώτη!
Τὸ στραβὸ φέσι στὸ χορὸ τ᾿ ἄνθια στ᾿ αὐτὶ στολίζει,
Τὰ μάτια δείχνουν ἔρωτα γιὰ τὸν ἀπάνου κόσμο,
Καὶ στὴ θωριά του εἶν᾿ ἔμορφο τὸ φῶς καὶ μαγεμένο!

IX.

Τὰ σπλάχνα μου κι᾿ ἡ θάλασσα ποτὲ δὲν ἡσυχάζουν,
Κι᾿ ὅσα ἄνθια θρέφει καὶ καρποὺς τόσ᾿ ἄρματα σὲ κλειοῦνε.

X.

Φεύγω τ᾿ ἀλόγου τὴν ὁρμὴ καὶ τοῦ σπαθιοῦ τὸν τρόμο.
Τ᾿ ὀνείρου μάταια πιθυμιά, κι᾿ ὄνειρο αὐτὴ ᾿ν᾿ ἡ ἴδια!
Ἐγύρισε ἡ παράξενή του κόσμου ταξιδεύτρα,
Μοὔπε μὲ θεῖο χαμόγελο βρεμένο μ᾿ ἕνα δάκρυ:
Κόψ᾿ τὸ νερὸ στὴ μάνα του, μπάσ᾿ τὸ στὸ περιβόλι,
Στὸ περιβόλι τῆς ψυχῆς τὸ μοσχαναθρεμμένο.

XI.

(Μία τῶν γυναικῶν προσφεύγει εἰς τὸ στοχασμὸ τοῦ θανάτου ὡς μόνη σωτηρία
της μὲ τὴ χαρὰ τὴν ὁποίαν αἰσθάνεται τὸ πουλάκι,

Ὅπου ᾿δε σκιᾶς παράδεισο καὶ τήνε χαιρετάει
Μὲ τοῦ φτεροῦ τὸ σάλαγο καὶ μὲ κανέναν ἦχο,

εἰς τὴ στιγμὴν ὁποῦ εἶναι κοπιασμένο ἀπὸ μακρινὸ ταξίδι, εἰς τὴ φλόγα
καλοκαιρινοῦ ἥλιου.)

XII.

Καὶ βλέπω πέρα τὰ παιδιὰ καὶ τὲς ἀντρογυναῖκες
γύρου στὴ φλόγα π᾿ ἄναψαν, καὶ θλιβερὰ τὴ θρέψαν
μ᾿ ἀγαπημένα πράματα καὶ μὲ σεμνὰ κρεβάτια,
ἀκίνητες, ἀστέναχτες, δίχως νὰ ρίξουν δάκρυ·
καὶ γγιζ᾿ ἡ σπίθα τὰ μαλλιὰ καὶ τὰ λιωμένα ροῦχα.
Γλήγορα, στάχτη, νὰ φανεῖς, οἱ φοῦχτες νὰ γιομίσουν.

XIII.

Εἶν᾽ ἔτοιμα στὴν ἄσπονδη πλημύρα τῶν ἁρμάτων
δρόμο νὰ σχίσουν τὰ σπαθιά, κι ἐλεύθεροι νὰ μείνουν
ἐκεῖθε μὲ τοὺς ἀδελφούς, ἐδῶθε μὲ τὸ χάρο.

XIV.

(Μία γυναῖκα εἰς τὸ γιουρούσι)

Τουφέκια τούρκικα σπαθιά!
Τὸ ξεροκάλαμο περνᾶ.

XV.

Σὰν ἥλιος, ὁποῦ ξάφνου σκεῖ πυκνὰ καὶ μαῦρα νέφη,
τ᾽ ὄρος βαρεῖ κατάραχα καὶ σπίτια ἰδὲς στὴ χλόη.

Ὁ Κρητικός (ἀπόσπασμα)

XVII.

. . . .

Ἐκοίταα, κι ἤτανε μακριὰ ἀκόμη τ᾿ ἀκρογιάλι·
«ἀστροπελέκι μου καλό, γιὰ ξαναφέξε πάλι!».

Τρία ἀστροπελέκια ἐπέσανε, ἕνα ξοπίσω στ᾿ ἄλλο,
πολὺ κοντὰ στὴν κορασιά, μὲ βρόντημα μεγάλο·
τὰ πέλαγα στὴν ἀστραπὴ κι ὁ οὐρανὸς ἀντήχαν,
οἱ ἀκρογιαλιὲς καὶ τὰ βουνὰ μ᾿ ὅσες φωνὲς κι ἂν εἶχαν.

XIX.

Πιστέψετε π᾿ ὅ,τι θὰ πῶ εἶν᾿ ἀκριβὴ ἀλήθεια,
μὰ τὲς πολλὲς λαβωματιὲς ποὺ μόφαγαν τὰ στήθια,
μὰ τοὺς συντρόφους πὄπεσαν στὴν Κρήτη πολεμώντας,
μὰ τὴν ψυχὴ ποὺ μ᾿ ἔκαψε τὸν κόσμο ἀπαρατώντας.
(Λάλησε, Σάλπιγγα, κι ἐγὼ τὸ σάβανο τινάζω,
καὶ σχίζω δρόμο καὶ τσ᾿ ἀχνοὺς ἀναστημένους κράζω:
«Μὴν εἴδετε τὴν ὀμορφιὰ ποὺ τὴν Κοιλάδα ἁγιάζει;
Πέστε, νὰ ἰδεῖτε τὸ καλὸ ἐσεῖς κι ὅ,τι σᾶς μοιάζει.
Καπνὸς δὲ μένει ἀπὸ τὴ γῆ· νιὸς οὐρανὸς ἐγίνη.
Σὰν πρῶτα ἐγὼ τὴν ἀγαπῶ καὶ θὰ κριθῶ μ᾿ αὐτήνη».
«Ψηλὰ τὴν εἴδαμε πρωί· τῆς τρέμαν τὰ λουλούδια,
στὴ θύρα τῆς Παράδεισος ποὺ ἐβγῆκε μὲ τραγούδια·
ἔψαλλε τὴν Ἀνάσταση χαροποιὰ ἡ φωνή της,
κι ἔδειχνεν ἀνυπομονιὰ γιὰ νὰ 'μπει στὸ κορμί της·
ὁ Οὐρανὸς ὁλόκληρος ἀγρίκαε σαστισμένος,
τὸ κάψιμο ἀργοπόρουνε ὁ κόσμος ὁ ἀναμμένος·
καὶ τώρα ὀμπρὸς τὴν εἴδαμε· ὀγλήγορα σαλεύει·
ὅμως κοιτάζει ἐδῶ κι ἐκεῖ καὶ κάποιονε γυρεύει»).

XX.

Ἀκόμη ἐβάστουνε ἡ βροντή...
Κι ἡ θάλασσα, ποὺ σκίρτησε σὰν τὸ χοχλὸ ποὺ βράζει,
ἡσύχασε καὶ ἔγινε ὅλο ἡσυχία καὶ πάστρα,
σὰν περιβόλι εὐώδησε κι ἐδέχτηκε ὅλα τ᾽ ἄστρα·
κάτι κρυφὸ μυστήριο ἐστένεψε τὴ φύση
κάθε ὀμορφιὰ νὰ στολιστεῖ καὶ τὸ θυμὸ ν᾽ ἀφήσει.
Δὲν εἶν᾽ πνοὴ στὸν οὐρανό, στὴ θάλασσα, φυσώντας
οὔτε ὅσο κάνει στὸν ἀνθὸ ἡ μέλισσα περνώντας,
ὅμως κοντὰ στὴν κορασιά, ποὺ μ᾽ ἔσφιξε κι ἐχάρη,
ἐσειόνταν τ᾽ ὁλοστρόγγυλο καὶ λαγαρὸ φεγγάρι·
καὶ ξετυλίζει ὀγλήγορα κάτι ποὺ ἐκεῖθε βγαίνει,
κι ὀμπρός μου ἰδοὺ ποὺ βρέθηκε μία φεγγαροντυμένη.
Ἔτρεμε τὸ δροσάτο φῶς στὴ θεϊκιὰ θωριά της,
στὰ μάτια της τὰ ὁλόμαυρα καὶ στὰ χρυσὰ μαλλιά της.

XXI.

Ἐκοίταξε τ᾽ ἀστέρια, κι ἐκεῖνα ἀναγαλλιάσαν,
καὶ τὴν ἀχτινοβόλησαν καὶ δὲν τὴν ἐσκεπάσαν·
κι ἀπὸ τὸ πέλαο, ποὺ πατεῖ χωρὶς νὰ τὸ σουφρώνει,
κυπαρισσένιο ἀνάερα τ᾽ ἀνάστημα σηκώνει,
κι ἀνεῖ τσ᾽ ἀγκάλες μ᾽ ἔρωτα καὶ μὲ ταπεινοσύνη,
κι ἔδειξε πάσαν ὀμορφιὰ καὶ πάσαν καλοσύνη.
Τότε ἀπὸ φῶς μεσημερνὸ ἡ νύχτα πλημμυρίζει,
κι ἡ χτίσις ἔγινε ναὸς ποὺ ὁλοῦθε λαμπυρίζει.
Τέλος σ᾽ ἐμὲ ποὺ βρίσκομουν ὀμπρός της μὲς στὰ
ρεῖθρα,
καταπὼς στέκει στὸ Βοριὰ ἡ πετροκαλαμήθρα,
ὄχι στὴν κόρη, ἀλλὰ σ᾽ ἐμὲ τὴν κεφαλὴ της κλίνει·
τὴν κοίταζα ὁ βαριόμοιρος, μ᾽ ἐκοίταζε κι ἐκείνη.
Ἔλεγα πὼς τὴν εἶχα ἰδεῖ πολὺν καιρὸν ὀπίσω,
κὰν σὲ ναὸ ζωγραφιστὴ μὲ θαυμασμὸ περίσσο,
κάνε τὴν εἶχε ἐρωτικὰ ποιήσει ὁ λογισμός μου,
κὰν τ᾽ ὄνειρο, ὅταν μ᾽ ἔθρεφε τὸ γάλα τῆς μητρός μου·
ἤτανε μνήμη παλαιή, γλυκειὰ κι ἀστοχισμένη,
ποὺ ὀμπρός μου τώρα μ᾽ ὅλη της τὴ δύναμη προβαίνει.

[Σὰν τὸ νερὸ ποὺ τὸ θωρεῖ τὸ μάτι ν᾽ ἀναβρύζει
ξάφνου ὀχ τὰ βάθη τοῦ βουνοῦ, κι ὁ ἥλιος τὸ στολίζει.]
Βρύση ἔγινε τὸ μάτι μου κι ὀμπρὸς του δὲν ἐθώρα,
κι ἔχασα αὐτὸ τὸ θεϊκὸ πρόσωπο γιὰ πολληώρα,
γιατί ἄκουσα τὰ μάτια της μέσα στὰ σωθικά μου·
ἔτρεμαν καὶ δὲ μ᾽ ἄφηναν νὰ βγάλω τὴ μιλιά μου.
Ὅμως αὐτοὶ εἶναι θεοί, καὶ κατοικοῦν ἀπ᾽ ὅπου
βλέπουνε μὲς στὴν ἄβυσσο καὶ στὴν καρδιὰ τ᾽
ἀνθρώπου,
κι ἔνιωθα πὼς μοῦ διάβαζε καλύτερα τὸ νοῦ μου
πάρεξ ἂν ἤθελε τῆς πῶ μὲ θλίψη τοῦ χειλιοῦ μου:

....

«Τ᾽ ἀδέλφια μου τὰ δυνατὰ οἱ Τοῦρκοι μοῦ τ᾽ ἀδράξαν,
τὴν ἀδελφή μου ἀτίμησαν κι ἀμέσως τὴν ἐσφάξαν,
τὸ γέροντα τὸν κύρη μου ἐκάψανε τὸ βράδυ
καὶ τὴν αὐγή μοῦ ρίξανε τὴ μάνα στὸ πηγάδι.
Στὴν Κρήτη...........
Μακριὰ 'πὸ κεῖθ᾽ ἐγιόμισα τὲς φοῦχτες μου κι ἐβγῆκα.
Βόηθα, Θεά, τὸ τρυφερὸ κλωνάρι μόνο νά 'χω·
σὲ γκρεμὸ κρέμουμαι βαθύ, κι αὐτὸ βαστῶ μονάχο».

XXII.

Ἐχαμογέλασε γλυκὰ στὸν πόνο τῆς ψυχῆς μου,
κι ἐδάκρυσαν τὰ μάτια της κι ἐμοιάζαν τῆς καλῆς μου.
Ἐχάθη, ἀλί μου, ἀλλ᾽ ἄκουσα τοῦ δάκρυου της ραντίδα
στὸ χέρι, ποὺ 'χα σηκωτὸ μόλις ἐγὼ τὴν εἶδα. —
Ἐγὼ ἀπὸ κείνη τὴ στιγμὴ δὲν ἔχω πλιὰ τὸ χέρι,
π᾽ ἀγνάντευεν Ἀγαρηνὸ κι ἐγύρευε μαχαίρι·
χαρὰ δὲν τοῦ 'ναι ὁ πόλεμος· τ᾽ ἀπλώνω τοῦ διαβάτη
ψωμοζητώντας, κι ἔρχεται μὲ δακρυσμένο μάτι·
κι ὅταν χορτάτα δυστυχιὰ τὰ μάτια μου ζαλεύουν,
ἀργά, κι ὀνείρατα σκληρὰ τὴν ξαναζωντανεύουν,
καὶ μέσα στ᾽ ἄγριο πέλαγο τ᾽ ἀστροπελέκι σκάει,
κι ἡ θάλασσα νὰ καταπιεῖ τὴν κόρη ἀναζητάει,
ξυπνῶ φρενίτης, κάθομαι, κι ὁ νοῦς μου κινδυνεύει,
καὶ βάνω τὴν παλάμη μου, κι ἀμέσως γαληνεύει. —

Καὶ τὰ νερά 'σχιζα μ' αὐτό, τὰ μυριομυρωδάτα,
μὲ δύναμη ποὺ δὲν εἶχα μήτε στὰ πρῶτα νιάτα,
μήτε ὅταν ἐκροτούσαμε, πετώντας τὰ θηκάρια,
μάχη στενὴ μὲ τοὺς πολλοὺς ὀλίγα παλληκάρια,
μήτε ὅταν τὸν μπομπο-Ἰσοὺφ καὶ τσ' ἄλλους δύο
βαροῦσα
σύρριζα στὴ Λαβύρινθο π' ἀλαίμαργα πατοῦσα.
Στὸ πλέξιμο τὸ δυνατὸ ὁ χτύπος τῆς καρδιᾶς μου
(κι αὐτό μοῦ τ' αὔξαιν',) ἔκρουζε στὴν πλεύρα τῆς κυρᾶς
μου.

Ἀλλὰ τὸ πλέξιμ' ἄργουνε, καὶ μοῦ τ' ἀποκοιμοῦσε,
ἠχός, γλυκύτατος ἠχός, ὁποῦ μὲ προβοδοῦσε.
Δὲν εἶναι κορασιᾶς φωνὴ στὰ δάση ποὺ φουντώνουν,
καὶ βγαίνει τ' ἄστρο τοῦ βραδιοῦ καὶ τὰ νερὰ θολώνουν,
καὶ τὸν κρυφό της ἔρωτα τῆς βρύσης τραγουδάει,
τοῦ δέντρου καὶ τοῦ λουλουδιοῦ ποὺ ἀνοίγει καὶ λυγάει.
Δὲν εἶν' ἀηδόνι, κρητικὸ ποὺ σέρνει, τὴ λαλιά του
σὲ ψηλοὺς βράχους κι ἄγριους ὅπ' ἔχει τὴ φωλιά του,
κι ἀντιβουΐζει ὀλονυχτὶς ἀπὸ πολλὴ γλυκάδα
ἡ θάλασσα πολὺ μακριά, πολὺ μακριὰ ἡ πεδιάδα,
ὥστε ποὺ πρόβαλε ἡ Αὐγὴ καὶ ἔλιωσαν τ' ἀστέρια,
κι ἀκούει κι αὐτὴ καὶ πέφτουν της τὰ ρόδα ἀπὸ τὰ χέρια.
Δὲν εἶν' φιαμπόλι τὸ γλυκὸ ὁποῦ τ' ἀγρίκαα μόνος
στὸν Ψηλορείτη ὅπου συχνὰ μ' ἐτράβουνεν ὁ πόνος,
κι ἔβλεπα τ' ἄστρο τ' οὐρανοῦ μεσουρανὶς νὰ λάμπει
καὶ τοῦ γελοῦσαν τὰ βουνά, τὰ πέλαγα κι οἱ κάμποι·
κι ἐτάραζε τὰ σπλάχνα μου ἐλευθεριᾶς ἐλπίδα
κι ἐφώναζα: «ὧ θεϊκιὰ κι ὅλη αἵματα Πατρίδα»
κι ἅπλωνα κλαίοντας κατ' αὐτὴ τὰ χέρια μὲ καμάρι·
καλή 'ν' ἡ μαύρη πέτρα της καὶ τὸ ξερὸ χορτάρι.
Λαλούμενο, πουλί, φωνή, δὲν εἶναι νὰ ταιριάζει,
ἴσως δὲ σώζεται στὴ γῆ ἦχος ποὺ νὰ τοῦ μοιάζει·
δὲν εἶναι λόγια· ἦχος λεπτός...
δὲν ἤθελε τὸν ξαναπεῖ ὁ ἀντίλαλος κοντά του.
Ἂν εἶν' δὲν ἤξερα κοντά, ἂν ἔρχονται ἀπὸ πέρα·

σὰν τοῦ Μαΐου τὲς εὐωδιὲς γιομίζαν τὸν ἀέρα,
γλυκύτατοι, ἀνεκδιήγητοι...
μόλις εἶν᾽ ἔτσι δυνατὸς ὁ Ἔρωτας καὶ ὁ Χάρος.

Μ᾽ ἄδραχνεν ὅλη τὴν ψυχή, καὶ νά ᾽μπει δὲν ἠμπόρει
ὁ οὐρανὸς κι ἡ θάλασσα, κι ἡ ἀκρογιαλιά, κι ἡ κόρη·
μὲ ἄδραχνε, καὶ μ᾽ ἔκανε συχνὰ ν᾽ ἀναζητήσω
τὴ σάρκα μου νὰ χωριστῶ γιὰ νὰ τὸν ἀκλουθήσω.
Ἔπαψε τέλος κι ἄδειασεν ἡ φύσις κι ἡ ψυχή μου,
ποὺ ἐστέναξε κι ἐγιόμισεν εὐθὺς ὀχ τὴν καλή μου·
καὶ τέλος φθάνω στὸ γιαλὸ τὴν ἀρραβωνιασμένη,
τὴν ἀπιθώνω μὲ χαρά, κι ἤτανε πεθαμένη.

Εἰς τὸν θάνατον τῆς Αἰμιλίας Ροδόσταμο

1.
Καὶ εἴδανε τὸ ξόδι σου μὲ τὴν κεροδοσιά σου.

2.
Στὴ θύρα τὴν ὁλόχρυση τῆς Παντοδυναμίας,
Πνεύματα μύρια παλαιά, πνεύματα μύρια νέα,
Σ᾽ ἀκαρτεροῦν γιὰ νὰ σοῦ ποῦν πὼς ἄργησες νὰ
φθάσης.

3.
....«Στ᾽ ὄνομα» τῆς ἡμέρας
Π᾽ ὁ τρίτος ἄνθιζε σ᾽ ἐσὲ θεοτικὸς Ἀπρίλης
Ἄχ, σ᾽ ἔστενα βασίλισσα στῆς γῆς τὲς εὐτυχίες,
Ἐνῷ ᾽λες τὲς δοκίμαζα κοιτώντας τὴ θωριά σου,
Στὴν πλάκα πέφτω καὶ θαρρῶ πὼς δὲ θὰ σοῦ βαρύνῃ,
Παρθέν᾽, ἀπὸ τὰ χείλη μου κι ἀπὸ τὰ γόνατά μου.

Εἰς Φραγκίσκα Φράϊζερ

(θυγατέρα τοῦ Ἄγγλου διοικητῆ τοῦ νησιοῦ)

Μικρὸς προφήτης ἔρριξε σὲ κορασιὰ τὰ μάτια,
καὶ στοὺς κρυφούς του λογισμοὺς χαρὰ γιομάτους εἶπε:
«Κι ἂν γιὰ τὰ μάτια σου Καλή, κι ἂν γιὰ τὴν κεφαλή σου,
κρίνους ὁ λίθος ἔβγανε, χρυσὸ στεφάνι ὁ ἥλιος,
δῶρο δὲν ἔχουνε γιὰ Σὲ καὶ γιὰ τὸ μέσα πλοῦτος.
Ὅμορφος κόσμος, ἠθικός, ἀγγελικὰ πλασμένος.

Ὁ Πόρφυρας

«Κοντά 'ναι τὸ χρυσόφτερο καὶ κατὰ δῶ γυρμένο,
π᾽ ἄφησε ξάφνου τὸ κλαδὶ γιὰ τοῦ γιαλοῦ τὴν πέτρα
κι ἐκεῖ γρικᾶ τῆς θάλασσας καὶ τ᾽ οὐρανοῦ τὰ κάλλη
κι ἐκεῖ τραβᾶ τὸν ἦχο του μ᾽ ὅλα τὰ μάγια πὄχει.
Γλυκά 'δεσε τὴ θάλασσα καὶ τὴν ἐρμιὰ τοῦ βράχου
κι ἃ δὲν εἶν᾽ ὥρα γιὰ τ᾽ ἄστρι θὲ νὰ συρθεῖ καὶ νά 'βγει.
(Χιλιάδες ἄστρα στὸ λουτρὸ μ᾽ ἐμὲ νὰ στείλ᾽ ἡ νύχτα !).
Πουλὶ πουλάκι ποὺ λαλεῖς μ᾽ ὅλα τὰ μάγια πὄχεις,
εὐτυχισμὸς ἃ δὲν εἶναι τὸ θαῦμα τῆς φωνῆς σου,
καλὸ δὲν ἄνθισε στὴ γῆ, στὸν οὐρανό, κανένα.
Δὲν τό 'λπιζα νά 'ν᾽ ἡ ζωὴ μέγα καλὸ καὶ πρῶτο !
Ἀλλ᾽ ἄχ, ἀλλ᾽ ἄχ, νὰ μπόρουνα σὰν ἀστραπὴ νὰ τρέξω,
ἀκόμ᾽, ἀφρέ μου, νὰ βαστᾶς καὶ νά 'μαι γυρισμένος
μὲ δυὸ φιλιὰ τῆς μάνας μου, μὲ φούχτα γῆ τῆς γῆς
μου!».
Κι ἡ φύσις ὅλη τοῦ γελᾶ καὶ γένεται δική του.
Ἐλπίδα, τὸν ἀγκάλιασες καὶ τοῦ κρυφομιλοῦσες
καὶ τοῦ σφιχτόδεσες τὸ νοῦ μ᾽ ὅλα τὰ μάγια πόχεις.
Νιὸς κόσμος ὅμορφος παντοῦ χαρᾶς καὶ καλοσύνης.
Ἀλλ᾽ ἀπαντοῦν τὰ μάτια του τρανὸ θεριὸ πελάγου
κι ἀλιά, μακριά 'ναι τὸ σπαθί, μακριά 'ναι τὸ τουφέκι!
Κοντά 'ν᾽ ἐκεῖ στὸ νιὸν ὀμπρὸς ὁ τίγρης τοῦ πελάγου·

ἀλλ᾿ ὅπως ἔσκισ᾿ εὔκολα βαθιὰ νερὰ κι ἐβγῆκε
κατὰ τὸν κάτασπρο λαιμὸ ποὺ λάμπει ὡσὰν τὸν κύκνο,
κατὰ τὸ στῆθος τὸ πλατὺ καὶ τὸ ξανθὸ κεφάλι,
ἔτσι κι ὁ νιὸς ἐλεύτερος, μ᾿ ὅλες τὲς δύναμές του,
τῆς φύσης ἀπὸ τσ᾿ ὄμορφες καὶ δυνατὲς ἀγκάλες,
ὅπου τὸν ἐγλυκόσφιγγε καὶ τοῦ γλυκομιλοῦσε,
εὐτὺς ἐνώνει στὸ λευκὸ γυμνὸ κορμὶ π᾿ ἀστράφτει,
τὴν τέχνη τοῦ κολυμπιστῆ καὶ τὴν ὁρμὴ τῆς μάχης.
Πρὶν πάψ᾿ ἡ μεγαλόψυχη πνοὴ χαρὰ γεμίζει:
Ἀστράψε φῶς κι ἐγνώρισεν ὁ νιὸς τὸν ἑαυτό του.

Ἀπομεινάρι θαυμαστὸ ἑρμιᾶς καὶ μεγαλείου,
ὄμορφε ξένε καὶ καλὲ καὶ στὸν ἀνθὸ τῆς νιότης,
ἄμε καὶ δέξου στὸ γιαλὸ τοῦ δυνατοῦ τὴν κλάψα.

Ἡ Ξανθούλα

Τὴν εἶδα τὴν Ξανθούλα,
τὴν εἶδα ψὲς ἀργά,
ποὺ μπῆκε στὴ βαρκούλα,
νὰ πάει στὴν ξενητιά.

Ἐφούσκωνε τ᾿ ἀέρι
λευκότατα πανιά,
ὡσὰν τὸ περιστέρι
ποὺ ἁπλώνει τὰ φτερά.

Ἐστέκονταν οἱ φίλοι
μὲ λύπη, μὲ χαρά,
καὶ αὐτὴ μὲ τὸ μαντήλι
τοὺς ἀποχαιρετᾶ.

Καὶ τὸ χαιρετισμό της
ἐστάθηκα νὰ ἰδῶ,
ὥσπου ἡ πολλὴ μακρότης

μοῦ τὄκρυψε κι αὐτό.
Σ᾽ ὀλίγο σ᾽ ὀλιγάκι
δὲν ἤξερα νὰ πῶ,
ἂν ἔβλεπα πανάκι,
ἢ τοῦ πελάγου ἀφρό.
Καὶ ἀφοῦ πανί, μαντήλι,
ἐχάθη στὸ νερό,
ἐδάκρυσαν οἱ φίλοι,
ἐδάκρυσα κι ἐγώ.

Ἡ ψυχούλα

Ὡσὰν γλυκόπνοο,
δροσάτο ἀεράκι
μέσα σὲ ἀνθότοπο,
κειὸ τὸ παιδάκι
τὴν ὕστερη ἔβγαλε
ἀναπνοή.
Καὶ ἡ ψυχούλα του,
εἰς τὸν ἀέρα
γλήγορα ἀνέβαινε
πρὸς τὸν αἰθέρα,
σὰν λιανοτρέμουλη
σπίθα μικρή.
Ὅλα τὴν ἔκραξαν,
ὅλα τ᾽ ἀστέρια,
κι ἐκείνη ἐξάπλωνε
δειλὴ τὰ χέρια,
γιατὶ δὲν ἤξευρε
σὲ ποῖο νὰ μπεῖ.
Ἀλλά, νά, τοὔδωσε

ἕνα ἀγγελάκι
τὸ φιλὶ ἀθάνατο
στὸ μαγουλάκι
ποὺ ἔξαφνα
ἔλαμψε σὰν τὴν αὐγή.

Πρὸς Κύριον Γεώργιον Δὲ Ρώσση εὑρισκόμενον εἰς τὴν Ἀγγλία

Τοῦ πατέρα σου, ὅταν ἔλθῃς,
Δὲ θὰ ἰδῇς παρὰ τὸν τάφο·
Εἶμαι ὀμπρός του, καὶ σοῦ γράφω,
Μέρα πρώτη τοῦ Μαϊοῦ.
Θὰ σπορπήσουμε τὸ Μάη
Πάνου στ᾿ ἄκακα τὰ στήθη,
Γιατὶ ἀπόψε ἀποκοιμήθη
Εἰς τὸν ὕπνο τοῦ Χριστοῦ.

Ἦταν ἥσυχος κι᾿ ἀκίνητος
Ὡς τὴν ὕστερη τὴν ὥρα,
Καθὼς φαίνεται καὶ τώρα
Ποὺ τὸν ἄφησε ἡ ψυχή.

Μόνον, μία στιγμὴ πρὶν φύγῃ
Τ᾿ Οὐρανοῦ κατὰ τὰ μέρη,
Ἀργοκίνησε τὸ χέρι,
Ἴσως γιὰ νὰ σ᾿ εὐχηθῇ.

Ἀνθούλα

Ἀγάπησέ με, Ἀνθούλα μου, γλυκειὰ χρυσή μου ἐλπίδα

Καθὼς κ' ἐγὼ σ' ἀγάπησα τὴν ὥρα ποὺ σὲ εἶδα
Εἶχες τὰ μάτια σου γυρτᾶ 'ς τὰ πράσινα χορτάρια,
Κ' ἡ λύπη σου τὰ στόλιζε μὲ δυὸ μαργαριτάρια.
Τὴ μάνα σου θυμούμενη ἐδάκρυζες, Ἀνθούλα,
Γιατὶ 'ς τὸν κόσμο σ' ἄφησε μονάχη κι ὀρφανούλα.
Ἄ, ναί, φυλάξου, ἀγάπη μου, τοῦ κόσμου ἀπὸ τὴν
πλάνη,
Ὅπου μὲ λόγια δολερὰ τόσα κοράσια χάνει.
Ποῦ πᾶς μονάχη κι ἔρημη, ἀθώα περιστερούλα;
Βρόχια πολλά σου σταίνουνε· ἔλα μαζί μου, Ἀνθούλα.

Πρωτομαγιά

Τοῦ Μαϊοῦ ροδοφαίνεται ἡ μέρα
ποὺ ὡραιότερη φύση ξυπνάει
καὶ τὴν κάνουν λαμπρὰ καὶ γελάει
πρασινάδες, ἀχτίδες, νερά.
Ἄνθη κι ἄνθη βαστοῦνε στὸ χέρι
παιδιὰ κι ἄντρες, γυναῖκες καὶ γέροι
ἀσπροεντύματα, γέλια καὶ κρότοι,
ὅλοι οἱ δρόμοι γιομάτοι χαρά.
Ναί, χαρεῖτε τοῦ χρόνου τὴ νιότη,
ἄνδρες, γέροι, γυναῖκες παιδιά.

Δὲ μ' ἀγαπᾶς

Ὅσα λουλούδια εἶν' τὸ Μάη
Μαδημένα ἐρωτηθῆκαν,
Κι ὅλα αὐτὰ μ' ἀποκριθῆκαν
Πῶς ἐσὺ δὲ μ' ἀγαπᾶς.

Τὸ κοιμητήρι

«Μάνα μου σκιάζομαι πολὺ

μὴ πεθαμένοι βγοῦνε».

«Σώπα παιδάκι μου, οἱ νεκροὶ
τὴν πλάκα τους βαστοῦνε».

Γαλήνη

Δὲν ἀκούεται οὔτ᾽ ἕνα κῦμα
εἰς τὴν ἔρμη ἀκρογιαλιά,
Λὲς καὶ ἡ θάλασσα κοιμᾶται
μὲς τῆς γῆς τὴν ἀγκαλιά.

Εἰς παιδάκι νεογέννητο

ΟΠΟΥ ΑΠΕΘΑΝΕ ΕΠΕΙΤΑ ΑΠΟ ΤΟ ΘΑΝΑΤΟ ΤΗΣ ΜΑΝΑΣ ΤΟΥ

Ἦλθε ᾽δῶ κάτου ἀφ᾽ τσ᾽ οὐρανοὺς νὰ δείξῃ τὸ κοράσι
Πόσο εἶν᾽ πιτήδειος ὁ Θεὸς καὶ τὶ μπορεῖ νὰ πλάσῃ.
Μὰ σὰ δὲν ηὗρε τ᾽ ὀρφανὸ καρδιὰ νὰ τὸ ἀγαπήσῃ,
Ἅπλωσε πάλι τὰ φτερὰ στὰ οὐράνια νὰ γυρίσῃ.

Ὠιδὴ στὴ σελήνη

Γλυκύτατη φωνὴ βγάν᾽ ἡ κιθάρα,
καὶ σὲ τούτη τὴν ἄφραστη ἁρμονία
τῆς καρδιᾶς μου ἀποκρίνεται ἡ λαχτάρα.
Γλυκὲ φίλε, εἶσαι σύ, ποὺ μὲ τὴ θεία
ἔκσταση τοῦ Ὀσσιάνου, εἰς τ᾽ ἀκρογιάλι,
τῆς νυχτὸς ἐμψυχεῖς τὴν ἡσυχία.
Κάθισε γιὰ νὰ ποῦμε ὕμνον στὰ κάλλη

τῆς Σελήνης. αὐτὴν ἐσυνηθοῦσε
ὁ τυφλὸς ποιητὴς συχνὰ νὰ ψάλλει.
Μοῦ φαίνεται τὸν βλέπω ποὺ ἀκουμβοῦσε
σὲ μίαν ἐτιά, καὶ τὸ φεγγάρι ὡστόσο
στὰ γένια τὰ ἱερὰ λαμποκοποῦσε.
Ἀπ᾽ τὸ Σκοπό, νᾶτο, προβαίνει. ὦ πόσο
σὺ τὴ νύχτα τερπνὰ παρηγορίζεις!
Ὕμνον παθητικὸ θὲ νὰ σοῦ ὑψώσω,
παθητικὸ σὰ ἐσένα, ὅταν λαμπίζεις
στρογγυλό, μεσουράνιο, καὶ τὸ φῶς σου
σὲ ταφόπετρα ὁλόασπρη ἀποκοιμίζεις.

Ἀγνώστου ποιήματος ἀπόσπασμα [Carmen Seculare]

I.

Ὄξω ἀνεβοκατέβαινε τὸ στῆθος, ἀλλὰ μέσα
ἀνθίζει μὲ τοὺς κρίνους του παρθενικὸς ὁ κόσμος.
Αὐγή ᾽ναι κι᾽ ἄστραφτε γλυκὰ σὰ στὴν ἀρχὴ τῆς
πλάσης,
κ᾽ ἐκράτουνε τὰ κάτασπρα ποδάρια στὴ δροσιά της.

II.

Κρατεῖ στὸ χόρτο τὰ κεριά, κεριὰ κομματιασμένα·
οὐρανὸς δένεται καὶ γῆ στὴν ὄμορφη ματιά της.

III.

Δὲν εἶναι χόρτο ταπεινό, χαμόδεντρο δὲν εἶναι·
Βρύσες ἁπλώνει τὰ κλαδιὰ τὸ δέντρο στὸν ἀέρα·
Μὴν καρτερῆς ἐδῶ πουλί, καὶ μὴ προσμένης χλόη·
Γιατὶ τὰ φύλλ᾽ ἂν εἶν᾽ πολλά, σὲ κάθε φύλλο πνεῦμα.
Τὸ ψηλὸ δέντρ᾽ ὁλόκληρο κι᾽ ἠχολογᾶ κι᾽ ἀστράφτει
Μ᾽ ὅλους τῆς τέχνης τοὺς ἠχούς, μὲ τ᾽ οὐρανοῦ τὰ φῶτα.

IV.

Σαστίζ᾿ ἡ γῆ κι᾿ ἡ θάλασσα κι᾿ ὁ οὐρανὸς τὸ τέρας,
Τὸ μέγα πολυκάντηλο μὲς στὸ ναὸ τῆς φύσης,
Κι᾿ ἁρμόζουν διάφορο τὸ φῶς χίλιες χιλιάδες ἄστρα,
Χίλιες χιλιάδες ἄσματα μιλοῦν καὶ κάνουν ἕνα.
Στὸ δένδρο κάτου δέησην ἔκαμ᾿ ἡ βοσκοπούλα·
Τ᾿ ἄστρα γοργὰ τὴ δέχτηκαν καθὼς ἡ γῆ τὸν ἥλιο.
Τὰ Σεραφεὶμ ἐγνώρισαν τὸ βάθος τῆς ἀγάπης,
Κι᾿ ὁλόκληρ᾿ ἡ Παράδεισο διπλὴ Παράδεισό ᾿ναι.
Ποιὸς εἶχε πεῖ ποὺ σοὔμελλε, πέτρα, νὰ βγάλης ρόδο;
....
.
Ἀλλὰ ποῦ τώρα βρίσκονται τὰ κάτασπρα ποδάρια;
Ποῦναι τὸ στῆθος τ᾿ ὄμορφο, ποὺ τέτοιους κόσμους ἔχει;
Στ᾿ ἀμπέλ᾿ ἡ κόρη κάθεται καὶ παίζει μὲ τ᾿ ἀρνί της.

Τὸ ὄνειρο

Ἄκου ἕν᾿ ὄνειρο, ψυχή μου,
Καὶ τῆς ὀμορφιᾶς θεά·
Μοῦ ἐφαινότουν ὅπως ἤμουν
Μετ᾿ ἐσένα μία νυχτιά.
᾿Σ ἕνα ὡραῖο περιβολάκι
Περπατούσαμε μαζί,
Ὅλα ἐλάμπανε τ᾿ ἀστέρια,
Καὶ τὰ κύτταζες ἐσύ.
Ἐγὼ τσώλεα· πέστε, ἀστέρια,
Εἴν᾿ κανέν᾿ ἀπὸ τ᾿ ἐσᾶς,
Ποῦ νὰ λάμπη ἀπὸ κεῖ ἀπάνου
Σὰν τὰ μάτια τῆς κυρᾶς;
Πέστε ἂν εἴδετε ποτέ σας
᾿Σ ἄλλη, τέτοια ὡραῖα μαλλιά,
Τέτοιο χέρι, τέτοιο πόδι,

109

Τέτοια ἀγγελικὴ θωριά;
Τέτοιο σῶμα ὡραῖον ὅπ᾽ ὅποιος
Τὸ κυττάζει εὐθὺς ρωτᾶ·
Ἂν εἶν᾽ ἄγγελος ἐκεῖνος,
πῶς δὲν ἔχει καὶ φτερά;
Κάθε φίλημα, ψυχή μου,
Ὅπου μᾶδινες γλυκά,
Ἐξεφύτρωνε ἄλλο ρόδο
Ἀπὸ τὴν τριανταφυλλιά.
Ὅλη νύχτα ἐξεφυτρώσαν,
Ὡς ὁποῦ λάμψεν ἡ αὐγή,
Ποὺ μᾶς ηὗρε καὶ τοὺς δυό μας
Μὲ τὴν ὄψη μας χλωμή.
Τοῦτο εἶν᾽ τ᾽ ὄνειρο, ψυχὴ μου·
Τώρα στέκεται εἰς ἐσέ,
Νὰ τὸ κάμης ν᾽ ἀληθέψῃ,
Καὶ νὰ θυμηθεῖς γιὰ μέ.

Τὸ ὄνειρο (σατιρικόν)

Εἰς τὴν ὥρα, ποὺ σκιασμένος,
καὶ παράξενα ντυμένος,
βγαίνει ὁ κλέφτης γιὰ νὰ κλέψει,
κι ὁ φονιὰς γιὰ νὰ φονέψει, -
σ᾽ ἄλλους τόπους ἐννοῶ
κλεψιές, φόνους, κι ὄχι ἐδῶ -
εἶδα ἕν ὄνειρο μουρλό,
καὶ θὰ τὸ διηγηθῶ.
Μὲς στὸ νοῦ μου ἡ ψεσινή,
ἡ περίφημη θανή,
μίαν ἐντύπωση εἶχε ἀφήσει,
ποὺ ὁ καιρὸς δὲ θὰ τὴ σβήσει.
Καὶ στὸν ὕπν᾽ ὁ λογισμός μου

τὴν ξανάφερεν ὀμπρός μου.
Στ᾿ ὄνειρό μου ἀγροίκαα πάλι
τὸν παπὰ Τσετσὲ νὰ ψάλλει,
μὲ τὴν τάξη τ᾿ς Ἐκκλησίας.
Ὅμως ἔκαν᾿ ἐξ αἰτίας
τοῦ ὄνειρού μου τοῦ μουρλοῦ,
τὴ φωνὴ τοῦ κουνουπιοῦ.
Πλῆθος ἔβλεπα λαμπάδες,
καὶ καπίτολα. Οἱ παπάδες,
τὰ φελόνια φορεμένα,
ποιὸς καινούργια, ποιὸς σχισμένα,
σοβαρὰ περιπατώντας,
τὴ λιρώνα μελετώντας,
ξαστοχοῦν τὸν πεθαμένο,
κι ἔχουν τὸ κερὶ σβησμένο.
Ἔκαναν φωνὲς καὶ γέλια
τὰ παιδιὰ μὲ τὰ βατσέλια.
Κι ὁ καπνὸς τοῦ μισχολίβανου
ἀπὸ τὰ λιβανιστήρια
ἔμπαινε στὰ παρεθύρια.
Πολλοὶ ἄνθρωποι ἀκολουθοῦσαν,
καὶ περίλυπα ἐτηροῦσαν,
γέρνοντας τὲς κεφαλές τους,
καὶ μιλώντας γιὰ δουλειές τους.
Ἀλλὰ στὰ καμπαναρία
δὲν εἶν᾿ τέτοια ἀδιαφορία.
Οἱ καμπάνες πλερωμένες,
ἔκαναν σὰ βουρλισμένες.
Κι ἀφοῦ εἶδα, ἕνα πρὸς ἕνα,
οὖλα ἐκειά, ποῦχα ἰδωμένα,
τρέχει τ᾿ ὄνειρο καὶ μπαίνει
μέσα στὴ Φανερωμένη.
Ἤτανε στὴν ἐκκλησία
λίγο φῶς καὶ πολλὴ ἐρμία.
Καὶ κοντὰ στὸ ξυλοκρέββατο
ξάφνου ἀγροίκησα νὰ βγεῖ

ἕνα σκούξιμο μακρύ.
Ὅτι ἐλόγιασα πὼς θἆναι
ἀπὸ τόσους ἕνας κάνε,
ποὺ ἐλυπήθηκε καὶ σκούζει...
νά σου ὁ ἴσκιος τοῦ Κουτούζη!
Καθὼς πάντα ἐσυνηθοῦσε,
ὄμορφα ροῦχα φοροῦσε,
κι ἔδειχνε καμαρωτά,
τὸ καπέλλο του στραβά.
Εἰς τὸ πονηρό του χεῖλο,
πώσκιαζεν ὀχτρὸ καὶ φίλο,
ἔβλεπα μὲ θαυμασμό,
ποὔχε ἀκόμα τὸ πικρό,
τὸ συνηθισμένο γέλιο,
ξαστοχώντας τὸ Βαγγέλιο.
Ἐτριγύρισε κομμάτι
εἰς τοῦ Χάρου τὸ κρεββάτι.
Ἀλλὰ βλέποντας ἐκεῖ
τὸ καπέλο, τὸ σπαθί,
ποῦν σημεῖα τῆς ἀρχοντιᾶς,
ἐσταμάτησ᾽ ὁ παπάς.
Καὶ καλὰ κοιτάζοντάς τα,
κι ὄμορφα σηκώνοντάς τα,
εἰς τὴν κάσσα τὰ χτυπάει,
καὶ τ᾽ ἀκόλουθ᾽ ἀρχινάει,
τὸ κορμὶ τοῦ συχνοσειώντας,
καὶ τὰ λόγια ἀργοπορώντας:
«Καλὰ κάμαν καὶ στὰ βάλανε
ἐδῶ πάνου, ὅταν σ᾽ ἐβγάλανε!
Μὰ τὸ ναίς, ὅπου σοῦ πρέπει,
εἰς τὴν ὕστερή σου σκέπη,
μπρὸς στὸν κόσμο νὰ κρατεῖς
τὰ σημάδια τῆς τιμῆς!
Μ᾽ αὐτὰ τὰ ἴδια ἐγὼ σὲ εἶδα
ποὺ κυρίευες τὴν πατρίδα.
Τὸ θυμοῦμαι ὠιμένανε!...

112

Ἐπειδὴ δὲ μ᾽ ἀπομένανε,
ἐκαθόμουνα ὁ φτωχὸς
εἰς τὴν γάτα μου ὀμπρός,
κάνοντάς της χάιδια χίλια,
καὶ σὰν ν᾽ ἄκουε τῆς ἐμίλεια:
Μωρὴ γάτα, τί σου φαίνουνται
τέτοια πράματα: Ἀπομένουνται;
Νἄν᾽ ὁ Γιάννης εἰς τὸ σπίτι,
μὲ τὸν ἄλλο ξεκληρίτη,
στὴν καθίγλα νὰ προσμένουν
οὔλους τσ᾽ ἄρχοντες, ποὺ μπαίνουν,
καὶ ξανοίγουν, ἐνῶ σκύφτουνε
μὲ τὰ ταπεινὰ κεφάλια,
πλεζονιὲς καὶ κατρογυάλια;
Νιάι μου, νὰ σὲ χαρῶ,
ἔχω πίκρα καὶ καημὸ
νὰ τοὺς βλέπω, τσοῦ καημένους,
κυριακάτικα ντυμένους,
στὲς καθίγλες νὰ καθίζουν
καὶ τὰ ροῦχα τους νὰ χρίζουν! -
Τέτοια τσὴ λεγα. Ἀλλὰ τώρα,
ὁποῦ σ᾽ εὕρηκε ἡ κακηώρα,
πές, ποιὰ στόματα σ᾽ ἐκράξαν,
καὶ ποιὰ στήθη ἀναστενάξαν;
Ἂν δὲ σ᾽ ἔκλαψαν, ἐγὼ
σὰν παπὰς τσοὺς συχωρῶ.
Ὤ! φωνάξετε, Καιροί,
ποὺ τὸν εἴδετε κριτή,
τί καλό ᾽χει γεναμένο,
κι εὐθὺς φεύγω καὶ σωπαίνω!
Ἔτσι λέοντας μεγαλώνει
τὴ φωνή του καὶ θυμώνει.
Μὰ καλὸ ναὶ πλούσιος νἆσαι,
καὶ ποτὲ νὰ μὴ θυμᾶσαι,
πῶς στοὺς δρόμους ἄιλογᾶνε
κάποιοι μαῦροι ποὺ πεινᾶνε;

Ὅταν ἔπλασαν τὰ χέρια,
ποὺ σκορπήσανε τ᾽ ἀστέρια,
τοῦ θνητοῦ τὰ σωθικά,
καὶ τὰ πλάσανε καλά,
πρῶτ᾽ ἀπ᾽ ὅλα τ᾽ ἄλλα πάθια
τσοὺ ἔχουν βάλει τὴ Συμπάθεια.
Καὶ τὴν ἔδιωξες ἐσύ,
σὰν τὴν χήρα τὴ φτωχή,
ἀπ᾽ τὴ νιότη σου τὴν πρώτη,
γιὰ νὰ βάλεις τὴ Σκληρότη.
Αὐτὴ σώλεε νὰ ζητᾶς
τὸ ψωμὶ τῆς φτωχουλιᾶς,
καὶ τὸ διάφορο νὰ θὲς
τρεῖς καὶ τέσσερις φορές.
Κι ὁ φτωχός, ἀπορημένος,
σ᾽ ἐσ᾽ ἐρχότουν τρομαγμένος,
γιὰ νὰ πεῖ μὲ τὸ θλιμμένο
χεῖλο: τώχω πλερωμένο!
καὶ στὰ πόδια σου νὰ ρίξει
κλάψες μύριες, καὶ νὰ δείξει
τ᾽ ἀχαμνὰ τὰ γερατειά του,
τὴ γυναίκα, τὰ παιδιά του,
καὶ τοῦ ρούχου τὰ ξεσκλίδια.
Καὶ τοῦ ἀμόλαες κερατίδια!
Κι ἔτσι δά, μὲ τέτοιους φόνους,
γιὰ σαράντα πέντε χρόνους,
παντελῶς δὲν εἶναι θάμα,
μήτε ἀλλόκοτο τὸ πρᾶμα,
ἂν ἐσὺ φθάσεις νὰ κρύψεις,
ἀπ᾽ τοὺς φόβους γιὰ νὰ λείψεις,
τὸ σωρὸ τοῦ χρυσαφιοῦ σου
καὶ στὲς τράβες τοῦ σπιτιοῦ σου.
Μὰ τῆς φτώχειας ἡ κατάρα,
δυστυχόταατη τρομάρα,
θὰ πλακώσει τὴν ψυχή σου
σὰν ἡ πλάκα τὸ κορμί σου.

Κοίτα ἂν εἶναι Δικαιοσύνη
ἐκεῖ πάνου, γιὰ νὰ κρίνει!
Δὲν ἠθέλησε ν᾽ ἀφήσει
τὸ κορμί σου νὰ ψοφήσει
εἰσὲ δρόμο ἢ σὲ καλύβα,
μὰ στὴν κάμαρη τοῦ Σκλίβα!
Ἐκεῖ σῶμενε νὰ φθάσεις,
καὶ τὸ λογικὸ νὰ χάσεις, -
τὸ παλιὸ τὸ σπίτι ἀφίνοντας,
εἰς τ᾽ ὁποῖο κάποιος ἐμπῆκε,
ποὺ πουλιό του δὲν ἐβγῆκε.
Σκάψε, Ρώμα, γιὰ νὰ ἰδεῖς
μὴ τὰ κόκκαλά του βρεῖς. -
Ἐκεῖ, ἐνῶ σ᾽ αὐτὸ τὸ σπίτι
ἐκοπίαζες μὲ τὴ μύτη,
κάνοντας σὰν τὰ παιδάκια,
ὅταν φτειάνουν φυσουνάκια,
σοῦ σηκῶναν κάποιοι τσάφοι
τὸ κλεμμένο τὸ χρυσάφι.
Ἐκεῖ ἐστέκαν, ἐνῶ σώβγαινε
τοῦ θανάτου ὁ γογγυσμός,
τὸν ἀγροίκουναν, κι ἐτρέμανε
μὴ δὲν ἤτανε ὁ στερνός.
Κάνε ἐμπόρειες ἀπ᾽ τὸ βιό σου,
ἔπειτ᾽ ἀπ᾽ τὸ θάνατό σου
καὶ τῆς φτωχουλιᾶς ν᾽ ἀφήσεις,
καὶ τὰ στόματα νὰ κλείσεις.
Ἀλλὰ ὁ Διάολος ἐφάνηκε
στὸ πλευρό σου ἀδερφικάτα,
ὅταν ἔγραφες τὴ διάτα.
Καὶ τὸ χέρι σου τηρώντας,
καὶ σκληρὰ χαμογελώντας,
ἐτραγούδουνε: Ὦ φτωχοί,
ποὺ γυρεύετε ψωμί,
κάθε λύπη τώρα ἀφῆστε,
καὶ σὲ λίγο θὰ πλουτῆστε.

Γραικοὶ σκλάβοι, ἀκαρτερεῖτε.
Γιατ᾽ εὐθὺς θὰ λυτρωθεῖτε.
Τὲς καδίνες θὰ πετάξτε,
εἰς τὴ Ζάκυνθο ν᾽ ἀράξτε,
εἰς τὸ μνῆμα του νὰ ὁρμῆστε,
καὶ τὴν πλάκα νὰ φιλῆστε. -
Κι ἔτσι μ᾽ ὅλο σου τ᾽ ἀσήμι,
μνέσκεις ἄκλαφτο ψοφίμι.
Ὅπως ἔζησες πεθαίνεις,
κι ἐκεῖ μέσα ὁ ἴδιος μένεις,
μὲ ξεμυτερὰ τὰ νύχια,
μαθημένα στὰ προστύχια.
Θέλω νὰ σὲ ἰδῶ, σκυλί!»
Κι ἔτσι λέοντας, τὸ σπαθί,
τὸ καπέλλο, τοῦ πετάει,
καὶ στὴν κάσσα εὐθὺς χουμάει.
Ὁ παπὰς ἐκεῖ γυρμένος,
καὶ στὰ χείλη του ἀφρισμένος,
πολεμάει νὰ τὴν ἀνοίξει.
Κι ὅτι ἀρχίνησε νὰ τρίξει,
ἐγὼ πῶλεα μὴν ὁρμήσει,
καὶ τὸ λείψανο χτυπήσει,
τρέχω γλήγορα κοντά,
γιὰ νὰ πῶ: μωρὲ παπᾶ!
Εἶναι ὁ μαῦρος πεθαμένος!
Ἀλλὰ ἐξύπνησα ἱδρωμένος.

Ἐπιγράμματα

Τὸ κοράσι

Ἦλθ᾽ ἐδῶ κάτου ἀφ᾽ τσ᾽ οὐρανοὺς νὰ δείξει τὸ κοράσι
πόσο εἶν᾽ πιτήδειος ὁ Θεὸς καὶ τί μπορεῖ νὰ πλάσει.

Μὰ σὰ δὲν ηὗρε τ᾿ ὀρφανό καρδιὰ νὰ τὸ ἀγαπήσει,
ἄπλωσε πάλι τὰ φτερὰ στὰ οὐράνια νὰ γυρίσει.

Ξερὴ πολυμάθεια

῾Δῶ μιὰ φορὰ ἦταν ἄνθρωπος, κ᾿ ἐκεῖ ἦταν ἕνας
τόπος.

Πρὸς τοὺς Ἑπτανησίους

Δυστυχισμένε μου λαέ, καλὲ κι ἠγαπημένε,
πάντοτ᾿ εὐκολοπίστευτε καὶ πάντα προδομένε.

Ὁ νέος

Κοιτᾶς τοῦ ρόδου τὴ λαμπρὴ πρώτη χαρὰ τοῦ ἥλιου·
ναί, πρώτη, ἀλλ᾿ ὅμως δεύτερη ἀπὸ τὸ πρόσωπό σου!

Παραλλαγή

Βγαίνει, τὸ ρόδο θαυμαστό, πρώτη χαρὰ τοῦ ἥλιου·
ἀλλ᾿ ὅμως δεύτερη, Καλέ, ἀπὸ τὸ πρόσωπό σου!

Αἴνιγμα

Τὸ πρῶτο μου εἶν᾿ ἀναίσθητο, τὸ δεύτερο δὲν εἶναι·
Δίχως τὸ Πᾶν ἂν λειτουργᾶς, καλὲ παπά μου, κρίνε.
(Πετρα-χείλι)

Οἱ σφαγμένοι τῆς Ἑλλάδας

Μετάφραση. Ἀπὸ τὸ «Ποιήματα καὶ Πεζά».
Ἐπιμέλεια-Εἰσαγωγές: Στυλιανὸς Ἀλεξίου. Ἔκδ. Στιγμή, Ἀθήνα
1994.

«Ἀπὸ τοὺς φοβεροὺς γκρεμνούς, τὶς χαμηλὲς κοιλάδες καὶ τὰ
ψηλὰ βουνά, ἀπὸ τὴν ἐρημιὰ τῶν ποταμῶν καὶ τῆς θάλασσας,
ἀπὸ τοὺς δρόμους, τὶς σπηλιές, τὰ πηγάδια, ἀκόμη καὶ μέσα ἀπὸ

τὰ ζεστὰ κρεβάτια, σηκωθεῖτε, ὦ σφαγμένοι τῆς Ἑλλάδας, καὶ προσευχηθεῖτε!».

Αὐτὰ εἶπε ἡ βαθειὰ φωνή, ἐξακοντισμένη πρὸς τὸ χῶρο τοῦ ὀνείρου, καὶ ἡ ψυχὴ ἦταν ὅλη ὄργανο πνευματικό, ἕτοιμη νὰ δεχτεῖ γρήγορα τὸ κοντινὸ καὶ τὸ μακρινό, τὸ φωτεινὸ καὶ τὸ σκοτεινό, τὸ ἀνθρώπινο καὶ τὸ θεῖο. Καὶ τὸ ὄνειρο, ἀπαντώντας μὲ θαυμαστὴ ταχύτητα, ἔδωσε πίσω ὅλα τὰ πνεύματα ποὺ εἶχαν προσκαλεστεῖ καὶ τὰ ἔσπρωξε ἀμέτρητα καὶ σφιγμένα τὸ ἕνα στὸ ἄλλο, σ᾽ ἕνα διάστημα χωρὶς ὅρια, ποὺ ἔμοιαζε ὠκεανὸς χωρὶς στεριὲς καὶ νησιά, ἢ σὰν οὐρανὸς χωρὶς ἄστρα.

Ἐμπρὸς στὰ μάτια μου τὰ δακρυσμένα καὶ ἔκπληκτα, ὅλοι μουρμούριζαν καὶ ἔτρεμαν ὅπως τὰ ἀναρίθμητα φύλλα ἑνὸς πελώριου δέντρου ποὺ τὸ δονεῖ ὁ ἀέρας. Τὰ φύλλα ποὺ τὸ φθινόπωρο τὰ παίρνει ἀπὸ τὰ δέντρα καὶ τὰ στρώνει στὴ γῆ, ἦταν τίποτα ἐμπρὸς σ᾽ αὐτὸ τὸ πλῆθος. Ὅλοι εἶχαν τὸ χέρι στὴν καρδιὰ σὰν ἀπὸ ἀπέραντο πόνο, καὶ προσεύχονταν ὁμόφωνα. Ἡ προσευχὴ ἦταν θερμὴ καὶ βαθειά, ἀλλὰ οἱ φωνὲς ἀδύνατες καὶ χωρὶς ἦχο, ὅπως αὐτὲς ποὺ βγάζομε στὸν ὕπνο μας τὸν τρομαγμένο. Ξαφνικὰ ξέσπασε ἀπὸ ὅλους ἕνας ἀνεμοστρόβιλος ἀπὸ φωνές, πάμπολλες ὅπως ἡ ἄμμος ποὺ στροβιλίζεται ἀπὸ μανιασμένο ἄνεμο. Ὡστόσο μία χαρὰ φανερωνόταν μέσα στὸν ἔρημο αἰθέρα. Μιὰ μαυροφόρα γυναῖκα στάθηκε ψηλά, καὶ ἡ ἀγκαλιὰ ποὺ ἄνοιξε πρὸς ὅλους, κοιτάζοντας ὅλους, ἦταν φανερὰ ἐκείνη ποὺ ἔσφιξε μητρικὰ τὸν Σωτήρα.

Σονέττο XI

Τίς αὕτη ἡ ἐκκύπτουσα ὡσεὶ ὄρθρος,
Καλὴ ὡς σελήνη...
ΑΣΜΑ ΑΣΜΑΤΩΝ, 6.10

Ποιὰ εἶν᾽ αὐτὴ ποὺ ᾽ρχεται σὰν φανεῖ ἡ αὐγή,
μὲ ῥόδα ντυμένη στὸν κόσμο ξεπροβάλλει,
καὶ μ᾽ ὁλόλευκες σταγόνες τοὺς κάμπους δροσίζει,
ζωὴ δίνοντας πάλι σὲ κάθε ξερὸ χορτάρι;

118

Ὄμορφη σὰν τὸ φεγγάρι ποὺ ἀνασταίνει,
μ᾽ ἐκεῖνο τὸ φωτεινὸ λύχνισμα ποὺ χαρίζει
τὸ λίγο τῆς νύχτας, γιὰ νὰ ξεχωρίζει
τέτοια νυχτερινὴ ὀμορφιὰ ποὺ μαγεύει.

Ἐκλεκτὴ σὰν τὸν Ἥλιο, ποὺ κι ἂν εὐγνωμονεῖ
τὸν Οὐρανό, τὶς ἐρημιὲς τῆς γῆς
ζεσταίνει, ζωντανεύει, ἀγαλλιάζει, ἀναθαρρεῖ κι ὁρίζει.

Φοβερὴ σὰν στρατὸς ποὺ ἕτοιμος
γιὰ μάχη σὲ ἀχανεῖς πεδιάδες
σκορπάει τὸν φόβο - ποιὰ εἶν᾽ αὐτή;

Χορικό

Γιά μᾶς, τὰ πνεύματα τοῦ πελάγους, εἶναι χαρὰ νὰ μπαίνομε
στὸ περιβόλι, τῆς ψυχῆς καὶ νὰ τραγουδοῦμε τὸ θεῖο ρόδο ποὺ
ἀνθίζει, ἐκεῖ μέσα. Ξένος, περαστικὸς στὴ γῆ καὶ στὴ θάλασσα
εἶναι ὁ ἄνθρωπος· ἁπλώνονται κάτω ἀπὸ τὰ πόδια του
ἀπέραντες ἡ γῆ καὶ ἡ θάλασσα, καὶ ἀνάμεσα σὲ χίλιους
ἄγνωστους κινδύνους, ὀρθὸ καὶ νοῆμον ὑψώνεται πρὸς τὰ
οὐράνια τὸ πρόσωπό του, πιὸ ὄμορφο ἀπὸ ἐκεῖνα. Δυνατοὶ καὶ
αἰώνιοι συγκεντρώνονται στὸ νοῦ του οἱ στοχασμοὶ ὅπως τὸ
συμβούλιο τῶν θεῶν καὶ ἐκδηλώνονται μὲ κινήσεις γλυκὲς καὶ
μαγευτικὲς ἢ θυελλώδεις καὶ ἀκατανίκητες. Μάταια, νέε, τὸ
κύμα χτυπᾶ, χωρὶς ἀντίσταση, τὸ στῆθος σου τὸ πλατύ, καὶ τὸ
ξανθό σου κεφάλι. Ὄχι, οὔτε τὸ κύμα οὔτε κανένα δυνατὸ θεριὸ
δὲν μπορεῖ ν᾽ ἀγγίσει τὸν χρυσὸ καρπὸ τῆς ψυχῆς. Ἄθικτος καὶ
ἀθάνατος πέφτει στὸν κόλπο τοῦ Θεοῦ ποὺ τὴν ἔπλασε. Στὸν
νέο ποὺ κολυμποῦσε ἔστελνε τὸ μικρὸ πουλὶ τὰ τραγούδια του
ἀπὸ τὸ βράχο, τὸ καθαρότατο κύμα τὰ μουρμουρίσματά του, ὁ
οὐρανὸς τὶς ὀμορφιές του, καὶ ἐνῶ ὅλη ἡ φύση τοῦ χαμογελᾶ καὶ
γίνεται δική του, τὰ μάτια του ἀπαντοῦν ἐκεῖ κοντὰ ἕνα φριχτὸ
τέρας, καὶ ἀλίμονο, μακριὰ εἶναι τὸ σπαθί. Ἀλλὰ ἡ ψυχή,
ἀναπηδώντας ἀπὸ τὴν ἀγκαλιὰ τῆς ἡδονῆς καὶ τῆς ἀπόλαυσης,
κάνει τὰ χέρια πρόχειρο σπαθί.*

[*Παραλλαγή τῆς συνέχειας κατά το Φ 96 της Ἐθνικῆς Βιβλιοθήκης: Μέσα του ἦταν ἡ σάλπιγγα καὶ τὸ σπαθί, μέσα του ἡ δύναμη τῶν φιλικῶν ταγμάτων. Ἡ πάλη ἦταν σύντομη, ἀλλὰ ἀλύγιστο καὶ ἀπέραντο τὸ θάρρος· ἔπαψε μόνο μαζὶ μὲ τὴ ζωή, καὶ ἡ ἄλογη τερατώδης δύναμη δὲν ξέρει ποιὸν κόσμο μεγαλείου κατέστρεψε. Ἂν οἱ μυστικοὶ κόσμοι (τῶν οὐρανῶν) ἐμφανίζονταν γιὰ νὰ τοῦ ρίξουν στεφάνους, θὰ τὸν ἔβρισκαν ἀδιάφορο, ὅπως καὶ ἡ σκέψη ὅτι τὸ ἔργο κανεὶς δὲν θὰ τὸ μάθει ποτέ. Ἄσπιλη καὶ ἅγια εἶναι συχνὰ ἡ ἀνθρώπινη ἔμπνευση. Ἕνας παράδεισος εὐτυχίας θὰ γέμισε τὴ μεγαλόψυχη πνοὴ πρὶν νὰ πάψει. Τὴ στιγμὴ ποὺ ἔνιωσε σὰν ἀστραπὴ νὰ τοῦ κόβεται τὸ μπράτσο, ἔλαμψε φῶς, καὶ γνώρισε τὸν ἑαυτό του.]

Ἡ πάλη ἦταν σύντομη καὶ ἡ ἄλογη τερατώδης δύναμη δὲν ξέρει ποιὸν κόσμο μεγαλείου κατέστρεψε. Σύντομη ἦταν ἡ διάρκεια, ἀπέραντο καὶ ἀλύγιστο τὸ ἔξοχο θάρρος. Τὸ θάρρος ἔπαψε μόνο μαζὶ μὲ τὴ ζωή. Μέσα του ἦταν ἡ σάλπιγγα καὶ τὸ σπαθί, μέσα του οἱ ἑνωμένες δυνάμεις τῶν φιλικῶν ταγμάτων. Ἕνας παράδεισος εὐτυχίας διαφυλάχτηκε γι᾽ αὐτὸν πρὶν πεθάνει. Τὴ στιγμὴ ποὺ μέσα στὴν ὁρμὴ τῆς μάχης ἔνιωσε, ὅπως μέσα σὲ ὄνειρο, νὰ τοῦ κόβεται τὸ μπράτσο, γρήγορος σὰν ἀστραπὴ γύρισε στὸν ἑαυτό του καὶ τὸν γνώρισε. Ἐκείνη τὴ στιγμὴ θ᾽ ἀρνιόταν τὴν προσφορὰ τοῦ στεφάνου τῆς δόξας. Ἄσπιλη καὶ ἅγια εἶναι συχνὰ ἡ ἀνθρώπινη ἔμπνευση. Πήγαινε στὴν ἀκτή, ὦ ἄψυχο λείψανο τῆς μεγαλοσύνης, καὶ πρὶν ἀναπαυθεῖς κάτω ἀπὸ τὴ γῆ, ἀφήσου στὸ θρῆνο τῶν δυνατῶν.

Τὸ ἀηδόνι καὶ τὸ γεράκι

«Ἄκουσε, γεράκι, τὸ καημένο τ᾽ ἀηδόνι. Ἡ ζωή μου εἶναι στὴν ἐξουσία σου, ὅπως καὶ τὸ πέταγμά μας αὐτὸ μέσα στὰ σύννεφα, ὅπου δὲν εἶχα φτάσει ποτέ. Ἀλλὰ ἄκουσέ με: Ἀπὸ τὶς μυστικὲς πηγὲς τῆς φύσης ἐρχόταν μιὰ ἤπια πνοὴ καὶ συναντοῦσε μιὰν ἄλλη, ἐξίσου ἤπια, μέσα στὸ στῆθος μου. Αὐτὴ ἡ πνοὴ γινόταν τραγούδι, ὅπως καὶ τὸ φύλλωμα τοῦ δέντρου ποὺ μὲ φιλοξενοῦσε, ὅπως τὰ ἄστρα ποὺ ἔλαμπαν ψηλά. Ἡ ὀμορφιὰ τῶν πραγμάτων ποὺ ἦταν γύρω μου μὲ συγκινοῦσε καὶ μεταβαλλόταν σὲ μουσική. Εἶδα κι ἐσένα νὰ ἔρχεσαι καταπάνω μου, καὶ ὁ φόβος μου νικήθηκε ἀπὸ τὸ θαῦμα τῆς γρήγορης καὶ μεγαλόπρεπης πτήσης σου, ποὺ τὴ θαύμαζα σὰν δῶρο τῶν θεῶν. Ἀλλὰ τὴ στιγμὴ ἐκείνη, ἀπὸ ἀπροσμέτρητο βάθος, ἑτοιμάζονταν ν᾽ ἀναβρύσουν ἀπὸ μένα τραγούδια θλίψης γιὰ ἕνα ρόδο ποὺ τὸ μάδησε ὁ ἀέρας. Τὰ ἄρχιζα, τὰ τραγούδια αὐτά, ἐγὼ πού, ὅταν ξεσποῦσε ὁ κεραυνός, ἔνιωθα νὰ μοῦ τρέμει τὸ στῆθος, καθὼς ἤμουν μαζεμένο μέσα στὸ νέο φύλλωμα. Ἄφησέ με νὰ ζήσω μιὰ στιγμὴ μόνο, ὅσο γιὰ νὰ βγάλω στὸν αἰθέρα καὶ γιὰ τὸ αὐτί σου τὸ θησαυρὸ ποὺ αἰσθάνομαι μέσα μου. Μὴ σκοτώσεις αὐτὸ ποὺ πρέπει νὰ γεννηθεῖ!».

Καθὼς τὸ ἀηδόνι μιλοῦσε, τὸ γεράκι χαλάρωνε τὸ ἁρπακτικὸ νύχι του, καὶ μὲ τὸ ἄλλο ἔκανε φιλικὸ νεῦμα στὸ ἀηδόνι, ποὺ ὅμως τὴ στιγμὴ ἐκείνη ξεψύχησε.

Τὸ κολύμπι

(Τὸ παιδάκι ποὺ πρωτομαθαίνει κολύμπι)

Τὸ παιδάκι ὅταν ἀρχίση
Τὸ κολύμπισμα νὰ μάθη,
Ὁ κολυμπιστὴς στὰ βάθη
Μὲ τὸ χέρι τὸ ὁδηγᾶ,

Τὸ ἀφήνει, τὸ προσέχει,
Κι᾽ ἂν ἰδῆ τὸ ὅπως δειλιάζει,
Εὐθὺς τρέχει καὶ τ᾽ ἁρπάζει,
Καὶ τὸν φόβον του ὀνειδᾶ.

Μεταφράσεις

Οἱ σφαγμένοι της Ελλάδας

«Ἀπὸ τοὺς φοβεροὺς γκρεμνούς, τὶς χαμηλὲς κοιλάδες καὶ τὰ ψηλὰ βουνά, ἀπὸ τὴν ἐρημιὰ τῶν ποταμῶν καὶ τῆς θάλασσας, ἀπὸ τοὺς δρόμους, τὶς σπηλιές, τὰ πηγάδια, ἀκόμη καὶ μέσα ἀπὸ τὰ ζεστὰ κρεβάτια, σηκωθεῖτε, ὦ σφαγμένοι τῆς Ἑλλάδας, καὶ προσευχηθεῖτε!».

Αὐτὰ εἶπε ἡ βαθειὰ φωνή, ἐξακοντισμένη πρὸς τὸ χῶρο τοῦ ὀνείρου, καὶ ἡ ψυχὴ ἦταν ὅλη ὄργανο πνευματικό, ἕτοιμη νὰ δεχτεῖ γρήγορα τὸ κοντινὸ καὶ τὸ μακρινό, τὸ φωτεινὸ καὶ τὸ σκοτεινό, τὸ ἀνθρώπινο καὶ τὸ θεῖο. Καὶ τὸ ὄνειρο, ἀπαντώντας μὲ θαυμαστὴ ταχύτητα, ἔδωσε πίσω ὅλα τὰ πνεύματα ποὺ εἶχαν προσκαλεστεῖ καὶ τὰ ἔσπρωξε ἀμέτρητα καὶ σφιγμένα τὸ ἕνα στὸ ἄλλο, σ᾽ ἕνα διάστημα χωρὶς ὅρια, ποὺ ἔμοιαζε ὠκεανὸς χωρὶς στεριὲς καὶ νησιά, ἢ σὰν οὐρανὸς χωρὶς ἄστρα.

Ἐμπρὸς στὰ μάτια μου τὰ δακρυσμένα καὶ ἔκπληκτα, ὅλοι μουρμούριζαν καὶ ἔτρεμαν ὅπως τὰ ἀναρίθμητα φύλλα ἑνὸς πελώριου δέντρου ποὺ τὸ δονεῖ ὁ ἀέρας. Τὰ φύλλα ποὺ τὸ φθινόπωρο τὰ παίρνει ἀπὸ τὰ δέντρα καὶ τὰ στρώνει στὴ γῆ, ἦταν τίποτα ἐμπρὸς σ᾽ αὐτὸ τὸ πλῆθος. Ὅλοι εἶχαν τὸ χέρι στὴν καρδιὰ σὰν ἀπὸ ἀπέραντο πόνο, καὶ προσεύχονταν ὁμόφωνα. Ἡ προσευχὴ ἦταν θερμὴ καὶ βαθειά, ἀλλὰ οἱ φωνὲς ἀδύνατες καὶ χωρὶς ἦχο, ὅπως αὐτὲς ποὺ βγάζομε στὸν ὕπνο μας τὸν τρομαγμένο. Ξαφνικὰ ξέσπασε ἀπὸ ὅλους ἕνας ἀνεμοστρόβιλος ἀπὸ φωνές, πάμπολλες ὅπως ἡ ἄμμος ποὺ στροβιλίζεται ἀπὸ μανιασμένο ἄνεμο. Ὡστόσο μία χαρὰ φανερωνόταν

μέσα στὸν ἔρημο αἰθέρα. Μιὰ μαυροφόρα γυναῖκα
στάθηκε ψηλά, καὶ ἡ ἀγκαλιὰ ποὺ ἄνοιξε πρὸς ὅλους,
κοιτάζοντας ὅλους, ἦταν φανερὰ ἐκείνη ποὺ ἔσφιξε
μητρικὰ τὸν Σωτῆρα.

Μίμηση
τοῦ τραγουδιοῦ τῆς Δεσδεμόνας

The poor soul sat etc.
(Σαίξπηρ, Ὀθέλλος, πράξη 4, 3)
Shakespeare, Othello, Act IV, Sc.3

Ἡ ἀθλία ψυχὴ καθήμενη
σὲ χόρτο, σὲ λουλούδι,
μὲ μία φωνὴ νεκρώσιμη
ἀρχίναε τὸ τραγούδι:
«Ἐλᾶτε, τραγουδήσετε
τὴν πράσινη ἐτιά».

Ἀκίνητο τὸ χέρι της
εἰς τὴν καρδιὰ βαστάει,
τὴν κεφαλὴ στὰ γόνατα
τ᾽ ἀδύνατα ἀκουμπάει,
κι ὁ ρύαξ ἐκεῖ στὰ πόδια της
ἐφλοίσβιζε τερπνά.
«Ὅλοι, ὅλοι, τραγουδήσετε
ἐτιά, ἐτιά, ἐτιά».

Πικρὰ ἀντάμα ἐβγαίνανε
τὰ δάκρυα μὲ τὰ λόγια,
κι ἔτσι ἔλεγε ἀκατάπαυτα
βαριὰ τὰ μοιρολόγια,
ὅπου τὴν ἐλυπιόντανε
λαγκάδια καὶ βουνά.
«Ἐτιὰ νὰ τραγουδήσετε,

ἐτιὰ καὶ πάντα ἐτιά».

«Δὲ φταίει· -ψεύτη τὸν Ἔρωτα
κανεὶς ἂς μὴν τὸν κράζῃ·
ἕως ποὺ μιλεῖ τ᾽ ἀχείλι μου,
δὲ φταίει, θὲ νὰ φωνάζῃ·
γιατὶ μοῦ τὸ φανέρωσε
πὼς πλέον δὲ μ᾽ ἀγαπᾷ,
κι ἀμέσως ἐγὼ ἀρχίνησα
νὰ τραγουδάω ἐτιά.

«Μιὰ μέρα ἐγὼ τοῦ κλαύθηκα
πὼς πέφτει σ᾽ ἄλλα στήθη
κι ἐμένα μ᾽ ἀπαράτησε,
κι ἐκεῖνος μ᾽ ἀποκρίθη:
Μιμήσου με κι ἀγάπησε
ἄλλη κι ἐσὺ ἀγκαλιά.
Τί ν᾽ ἀγαπήσω ἡ δύστυχη
πάρεξ θανάτου ἐτιά!

«Δὲ θέλω νὰ μοῦ βάλουνε
εἰς τὸ στερνὸ κλινάρι
μυρτιές, οὔτε τριαντάφυλλα,
πάρεξ ἐτιᾶς κλωνάρι,
κι ἀπάνου ἀπ᾽ τὸ μνῆμα μου
ἄλλη δὲ θέλω ἰσκιά·
ὅλοι, ὅλοι τραγουδήσετε
τὴν πράσινην ἐτιά».

Ἡ γυναίκα τῆς Ζάκυθος

ΚΕΦΑΛΑΙΟΝ 1

«Ο ΙΕΡΟΜΟΝΑΧΟΣ ΠΙΚΡΑΙΝΕΤΑΙ»

1. Ἐγὼ Διονύσιος Ἱερομόναχος, ἐγκάτοικος στὸ ξωκλήσι τοῦ Ἁγίου Λύπιου, γιὰ νὰ περιγράψω ὅ,τι στοχάζουμαι λέγω:
2. Ὅ,τι ἐγύριζα ἀπὸ τὸ μοναστήρι τοῦ Ἅγιου Διονυσίου, ὅπου εἶχα πάει γιὰ νὰ μιλήσω μὲ ἕναν καλόγερο, γιὰ κάτι ὑπόθεσες

ψυχικές.

3. Καὶ ἤτανε καλοκαίρι, καὶ ἦταν ἡ ὥρα ὁποὺ θολώνουνε τὰ νερά, καὶ εἶχα φθάσει στὰ Τρία Πηγάδια, καὶ ἦταν ἐκεῖ τριγύρου ἡ γῆ ὅλο νερά, γιατὶ πᾶνε οἱ γυναῖκες καὶ συχνοβγάνουνε.

4. Ἐσταμάτησα σὲ ἕνα ἀπὸ τὰ Τρία Πηγάδια, καὶ ἀπιθώνοντας τὰ χέρια μου στὸ φιλιατρὸ τοῦ πηγαδιοῦ ἔσκυψα νὰ ἰδῶ ἂν ἤτουν πολὺ νερό.

5. Καὶ τὸ εἶδα ὡς τὴ μέση γιομάτο καὶ εἶπα: Δόξα σοι ὁ Θεός.

6. Γλυκιὰ ἡ δροσιὰ ποὺ στέρνει γιὰ τὰ σπλάχνα τοῦ ἀνθρώπου τὸ καλοκαίρι, μεγάλα τὰ ἔργα του καὶ μεγάλη ἡ ἀφχαριστία τοῦ ἄνθρωπου.

7. Καὶ οἱ δίκαιοι κατὰ τὴ θεία Γραφὴ πόσοι εἶναι; Καὶ συλλογίζοντας αὐτὸ ἐπαίξανε τὰ μάτια μου στὰ χέρια μου ὁποὺ ἤτανε ἀπιθωμένα στὸ φιλιατρό.

8. Καὶ θέλοντας νὰ μετρήσω μὲ τὰ δάχτυλα τοὺς δίκαιους, ἀσήκωσα ἀπὸ τὸ φιλιατρὸ τὸ χέρι μου τὸ ζερβί, καὶ κοιτώντας τὰ δάχτυλα τοῦ δεξιοῦ εἶπα: Τάχα νὰ εἶναι πολλά;

9. Καὶ ἀρχίνησα καὶ ἐσύγκρενα τὸν ἀριθμὸ τῶν δικαίων ὁποὺ ἐγνώριζα μὲ αὐτὰ τὰ πέντε δάχτυλα, καὶ βρίσκοντας πῶς ἐτοῦτα ἐπερισσεύανε ἐλιγόστεψα τὸ δάχτυλο τὸ λιανό, κρύβοντάς το ἀνάμεσα στὸ φιλιατρὸ καὶ στὴν ἀπαλάμη μου.

10. Καὶ ἔστεκα καὶ ἐθεωροῦσα τὰ τέσσερα δάχτυλα γιὰ πολλὴ ὥρα, καὶ αἰστάνθηκα μεγάλη λαχτάρα, γιατὶ εἶδα πὼς ἤμουνα στενεμένος νὰ λιγοστέψω, καὶ κοντὰ στὸ λιανό μου δάχτυλο, ἔβαλα τὸ σιμοτινό του στὴν ἴδια θέση.

11. Ἐμνέσκανε τὸ λοιπὸν ἀπὸ κάτου ἀπὸ τὰ μάτια μου τὰ τρία δάχτυλα μοναχά, καὶ τὰ ἐχτυποῦσα ἀνήσυχα ἀπάνου στὸ φιλιατρὸ γιὰ νὰ βοηθήσω, τὸ νοῦ μου νὰ εὕρει κάνε τρεῖς δίκαιους.

12. Ἀλλὰ ἐπειδὴ ἀρχινήσανε τὰ σωθικά μου νὰ τρέμουνε σὰν τὴ θάλασσα ποὺ δὲν ἡσυχάζει ποτέ,

13. ἀσήκωσα τὰ τρία μου ἔρμα δάχτυλα καὶ ἔκαμα τὸ σταυρό μου.

14. Ἔπειτα θέλοντας νὰ ἀριθμήσω τοὺς ἀδίκους, ἔχωσα τὸ ἕνα χέρι μὲς στὴν τσέπη τοῦ ράσου μου καὶ τὸ ἄλλο ἀνάμεσα στὸ ζωνάρι μου, γιατὶ ἐκατάλαβα, ἀλίμονον! πῶς τὰ δάχτυλα δὲν ἐχρειαζόντανε ὁλότελα.

15. Καὶ ὁ νοῦς μου ἐζαλίστηκε ἀπὸ τὸ μεγάλον ἀριθμό· ὅμως μὲ παρηγοροῦσε τὸ νὰ βλέπω πὼς καθένας κάτι καλὸ εἶχε ἀπάνου του. Καὶ ἄκουσα ἕνα γέλιο φοβερὸ μὲς στὸ πηγάδι καὶ εἶδα προβαλμένα δυὸ κέρατα.

16. Καὶ μοῦ ἦρθε στὸ νοῦ μου, περσότερο ἀπὸ ὅλους αὐτούς, ἡ γυναίκα τῆς Ζάκυνθος, ἡ ὁποία πολεμάει νὰ βλάφτει τοὺς ἄλλους μὲ τὴ γλώσσα καὶ μὲ τὰ ἔργατα, καὶ ἦταν ἔχθρισσα θανάσιμη τοῦ ἔθνους.

17. Καὶ γυρεύοντας νὰ ἰδῶ ἐὰν μέσα σὲ αὐτὴν τὴν ψυχή, εἰς τὴν ὁποίαν ἀναβράζει ἡ κακία τοῦ Σατανᾶ, ἂν ἔπεσε ποτὲ ἡ ἀπεθυμιὰ τοῦ παραμικροῦ καλοῦ,

18. ἔπειτα ποὺ ἐστάθηκα νὰ συλλογιστῶ καλά, ὕψωσα τὸ κεφάλι μου καὶ τὰ χέρια μου στὸν οὐρανὸ καὶ ἐφώναξα: Θέ μου, καταλαβαίνω πὼς γυρεύω ἕνα κλωνὶ ἁλάτι μὲς στὸ θερμό.

19. Καὶ εἶδα πῶς ἐλάμπανε ἀπὸ πάνου μου ὅλα τ᾽ ἄστρα, καὶ ἐξάνοιξα τὴν Ἀλετροπόδα, ὅπου μὲ εὐφραίνει πολύ.

20. Καὶ ἐβιάσθηκα νὰ κινήσω γιὰ τὸ ξωκλήσι τοῦ Ἁγίου Λύπιου, γιατὶ εἶδα πὼς ἐχασομέρησα, καὶ ἤθελα νὰ φθάσω γιὰ νὰ περιγράψω τὴ γυναίκα τῆς Ζάκυνθος.

21. Καὶ ἰδοὺ καμία δωδεκαριὰ ψωρόσκυλα ποὺ ἠθέλανε νὰ μοῦ ἐμποδίσουν τὸ δρόμο,

22. καὶ μὴ θέλοντας ἐγὼ νὰ τὰ κλοτσοβολήσω γιὰ νὰ μὴν ἐγγίξω τὴν ψώρα καὶ τὰ αἵματα πούχανε, ἐστοχασθήκανε πῶς τὰ σκιάζουμαι,

23. καὶ ἤρθανε βαβίζοντας σιμότερά μου· ὅμως ἐγὼ ἐκαμώθηκα πὼς σκύφτω νὰ πάρω πέτρα,

24. καὶ ἔφυγαν ὅλα καὶ ἐξεθύμαιναν τὰ κακορίζικα ψωριασμένα τὴ λύσσα τους, τὸ ἕνα δαγκώνοντας τὸ ἄλλο.

25. Ἀλλὰ ἕνας ὅπου ἐδιαφέντευε κάποια ἀπὸ τὰ ψωρόσκυλα ἐπῆρε κι αὐτὸς μιὰ πέτρα,

26. καὶ βάνοντας ὁ ἄθεος γιὰ σημάδι τὸ κεφάλι ἐμὲ τοῦ Διονυσίου τοῦ Ἱερομόναχου δὲν τὸ πίτυχε. Γιατὶ ἀπὸ τὴ βία τὴ μεγάλη, μὲ τὴν ὁποίαν ἐτίναξε τὴν πέτρα, ἐστραβοπάτησε καὶ ἔπεσε.

27. Ἔτσι ἐγὼ ἔφτασα στὸ κελὶ τοῦ Ἁγίου Λύπιου παρηγορημένος ἀπὸ τὲς μυρωδιὲς τοῦ κάμπου, ἀπὸ τὰ γλυκότρεχα νερὰ καὶ ἀπὸ τὸν ἀστρόβολον οὐρανό, ὁ ὁποῖος ἐφαινότουνα ἀπὸ πάνου ἀπὸ

τὸ κεφάλι μου μία Ἀνάσταση.

ΚΕΦΑΛΑΙΟΝ 2
Ο ΙΕΡΟΜΟΝΑΧΟΣ ΠΟΛΕΜΑΕΙ ΝΑ ΠΑΡΗΓΟΡΗΘΕΙ

1. Τὸ λοιπὸν τὸ κορμὶ τῆς γυναικὸς ἤτανε μικρὸ καὶ παρμένο,
2. καὶ τὸ στῆθος σχεδὸν πάντα σημαδεμένο ἀπὸ τὲς ἀβδέλλες ποὺ ἔβανε γιὰ νὰ ρουφήξουν τὸ τηχτικό, καὶ ἀπὸ κάτου ἐκρεμόντανε δυὸ βυζιὰ ὡσὰν καπνοσακοῦλες.
3. Καὶ αὐτὸ τὸ μικρὸ κορμὶ ἐπερπατοῦσε γοργότατα, καὶ οἱ ἁρμοί της ἐφαινόντανε ξεκλείδωτοι.
4. Εἶχε τὸ μοῦτρο της τὴ μορφὴ τοῦ καλαποδιοῦ, καὶ ἔβλεπες ἕνα μεγάλο μάκρο ἂν ἐκύτταζες ἀπὸ τὴν ἄκρη τοῦ πηγουνιοῦ ὡς τὴν ἄκρη τοῦ κεφαλιοῦ,
5. εἰς τὴν ὁποία ἤτανε μιὰ πλεξίδα στρογγυλοδεμένη καὶ ἀπὸ πάνου ἕνα χτένι θεόρατο.
6. Καὶ ὅποιος ἤθελε σιμώσει τὴν πιθαμὴ γιὰ νὰ μετρήσει τὴ γυναίκα, ἤθελ᾽ εὕρει τὸ τέταρτο τοῦ κορμιοῦ στὸ κεφάλι.
7. Καὶ τὸ μάγουλό της ἐξερνοῦσε σάγριο, τὸ ὁποῖο ἦταν πότε ζωντανὸ καὶ πότε πονιδιασμένο καὶ μαραμένο.
8. Καὶ ἄνοιγε κάθε λίγο ἕνα μεγάλο στόμα γιὰ ν᾽ ἀναγελάσει τοὺς ἄλλους, καὶ ἔδειχνε τὰ κάτου δόντια τὰ μπροστινὰ μικρὰ καὶ σάπια, ποὺ ἐσμίγανε μὲ τὰ ἀπάνου ποὔτανε λευκότατα καὶ μακριά.
9. Καὶ μόλον ποὔτανε νιά, οἱ μηλίγγοι καὶ τὸ μέτωπο καὶ τὰ φρύδια καὶ ἡ κατεβασιὰ τῆς μύτης γεροντίστικα.
10. Πάντα γεροντίστικα, ὅμως ξεχωριστὰ ὅταν ἀκουμποῦσε τὸ κεφάλι της εἰς τὸ γρόθο τὸ δεξὴ μελετώντας τὴν πονηριά.
11. Καὶ αὐτὴ ἡ θωριὰ ἡ γεροντίστικη ἤτανε ζωντανεμένη ἀπὸ δυὸ μάτια λαμπρὰ καὶ ὁλόμαυρα, καὶ τὸ ἕνα ἤτανε ὀλίγο ἀλληθώρικο,
12. καὶ ἐστριφογυρίζανε ἐδῶ καὶ ἐκεῖ γυρεύοντας τὸ κακό, καὶ τὸ βρίσκανε καὶ ὅπου δὲν ἤτουν.
13. Καὶ μὲς στὰ μάτια της ἄστραφτε ἕνα κάποιον τι ποὺ σ᾽ ἔκανε νὰ στοχασθεῖς ὅτι, ἡ τρελάδα ἢ εἶναι λίγο ποὺ τὴν ἄφησε ἢ κοντεύει νὰ τὴν κυριμίσει.
14. Καὶ τούτη ἦταν ἡ κατοικία τῆς ψυχῆς της τῆς πονηρῆς καὶ τῆς ἁμαρτωλῆς.

15. Καὶ ἐφανέρωνε τὴν πονηρία καὶ μιλώντας καὶ σιωπώντας.
16. Καὶ ὅταν ἐμιλοῦσε κρυφὰ γιὰ νὰ βλάψει τὴ φήμη τοῦ ἀνθρώπου, ἔμοιαζε ἡ φωνή της μὲ τὸ ψιθύρισμα τοῦ ψαθιοῦ πατημένου ἀπὸ τὸ πόδι τοῦ κλέφτη.
18. Καὶ ὅταν ἐμίλειε δυνατά, ἐφαινότουνα ἡ φωνή της ἐκείνη ὁποὺ κάνουν οἱ ἄνθρωποι γιὰ νὰ ἀναγελάσουν τοὺς ἄλλους.
19. Καὶ μολοντοῦτο, ὅταν ἤτουν μοναχή, ἐπήγαινε στὸν καθρέφτη, καὶ κοιτώντας ἐγέλουνε κ᾽ ἔκλαιε,
20. καὶ ἐθάρρειε πὼς εἶναι ἡ ὡραιότερη ἀπ᾽ ὅσες εἶναι στὰ Ἑφτάνησα.
21. Καὶ ἦταν γιὰ νὰ χωρίζει ἀνδρόγυνα καὶ ἀδέλφια ἐπιδέξια σὰν τὸ Χάρο.
22. Καὶ ὅταν ἔβλεπε στὸν ὕπνο της τὸ ὡραῖο κορμὶ τῆς ἀδελφῆς της ἐξύπναε τρομασμένη.
23. Ὁ φθόνος, τὸ μίσος, ἡ ὑποψία, ἡ ψευτιὰ τῆς ἐτραβούσανε πάντα τὰ σωθικά,
24. Σὰν τὰ βρωμόπαιδα τῆς γειτονιᾶς τὰ βλέπεις ξετερολοϊσμένα καὶ λερωμένα νὰ σημαίνουν τὰ σήμαντρα τοῦ πανηγυριοῦ καὶ βουρλίζουν τὸν κόσμο.
* * *
25. Ἀλλὰ μιλώντας πάντα γιὰ τὰ κακὰ τῶν ἄλλων γυναικῶν ἔσωσε ὁ νοῦς της καὶ ἐπυρώθηκε,
26. καὶ αἰσθανότουνα μία κάποια γλυκάδα εἰς τὸ νὰ τὰ ξαναμελετάει μονάχη της.
27. Μολοντοῦτο ἐβαστιότουνα ἀπὸ τὰ κακὰ ἔργατα.
28. Ἀλλὰ ἐπειδὴ ἀγρίκουνε ποὺ τὴν ἔλεγαν ἄσχημη, ἐβλάφθηκε ἡ φιλαυτία της καὶ ἐκριμάτισε καὶ στὸ τέλος δὲν εἶχε κράτο κτλ.

ΚΕΦΑΛΑΙΟΝ 3
ΟΙ ΜΙΣΟΛΟΓΓΙΤΙΣΣΕΣ

1. Καὶ ἐσυνέβηκε αὐτὲς τὲς ἡμέρες ὁποὺ οἱ Τοῦρκοι ἐπολιορκοῦσαν τὸ Μισολόγγι καὶ συχνὰ ὁλημερνὶς καὶ κάποτε ὁληνυχτὶς ἔτρεμε ἡ Ζάκυνθο ἀπὸ τὸ κανόνισμα τὸ πολύ.
2. Καὶ κάποιες γυναῖκες Μισολογγίτισσες ἐπερπατοῦσαν τριγύρω γυρεύοντας γιὰ τοὺς ἄνδρες τους, γιὰ τὰ παιδιά τους, γιὰ τ᾽ ἀδέλφια τους ποὺ ἐπολεμούσανε.
3. Στὴν ἀρχὴ ἐντρεπόντανε νάβγουνε καὶ ἐπροσμένανε τὸ

σκοτάδι γιὰ ν᾽ ἁπλώσουν τὸ χέρι, ἐπειδὴ δὲν ἤτανε μαθημένες.
4. Καὶ εἴχανε δούλους καὶ εἴχανε σὲ πολλὲς πεδιάδες καὶ γίδια καὶ πρόβατα καὶ βόϊδα πολλά.
5. Καὶ ἀκολούθως ἐβιαζόντανε καὶ ἐσυχνοτηράζανε ἀπὸ τὸ παρεθύρι τὸν ἥλιο πότε νὰ βασιλέψη γιὰ νἄβγουνε.
6. Ἀλλὰ ὅταν ἐπερισσέψανε οἱ χρεῖες ἐχάσανε τὴν ντροπή, ἐτρέχανε ὁλημερνίς.
7. Καὶ ὅταν ἐκουραζόντανε ἐκαθόντανε στ᾽ ἀκρογιάλι κι ἀκούανε, γιατὶ ἐφοβόντανε μὴν πέσει τὸ Μισολόγγι.
8. Καὶ τὲς ἔβλεπε ὁ κόσμος νὰ τρέχουνε τὰ τρίστρατα, τὰ σταυροδρόμια, τὰ σπίτια, τὰ ἀνώγια καὶ τὰ χαμώγια, τὲς ἐκκλησίες, τὰ ξωκλήσια γυρεύοντας.
9. Καὶ ἐλαβαίνανε χρήματα, πανιὰ γιὰ τοὺς λαβωμένους.
10. Καὶ δὲν τοὺς ἔλεγε κανένας τὸ ὄχι, γιατὶ οἱ ρώτησες τῶν γυναικῶν ἤτανε τὲς περσότερες φορὲς συντροφευμένες ἀπὸ τὲς κανονιὲς τοῦ Μισολογγιοῦ καὶ ἡ γῆ ἔτρεμε ἀπὸ κάτου ἀπὸ τὰ πόδια μας.
11. Καὶ οἱ πλέον πάμπτωχοι ἐβγάνανε τὸ ὀβολάκι τους καὶ τὸ δίνανε καὶ ἐκάνανε τὸ σταυρό τους κοιτάζοντας κατὰ τὸ Μισολόγγι καὶ κλαίοντας.

ΚΕΦΑΛΑΙΟΝ 4

ΟΙ ΓΥΝΑΙΚΕΣ ΤΟΥ ΜΙΣΟΛΟΓΓΙΟΥ ΔΙΑΚΟΝΕΥΟΥΝΕ ΚΑΙ Η ΓΥΝΑΙΚΑ ΤΗΣ ΖΑΚΥΝΘΟΣ ΕΧΕΙ ΔΟΥΛΕΙΑ

1. Ὡστόσο ἡ γυναίκα τῆς Ζάκυνθος εἶχε στὰ γόνατα τὴ θυγατέρα της καὶ ἐπολέμαε νὰ τὴν καλοπιάσει.
2. Ἔβαλε λοιπὸν τὸ ζουρλάδι τὰ μαλλιά της ἀπὸ πίσω ἀπὸ τ᾽ αὐτιά, γιατὶ ἡ ἀνησυχία της τἄχε πετάξει, καὶ ἔλεγε φιλώντας τὰ μάτια τῆς θυγατρός της:
3. «Μάτια μου, ψυχή μου, νὰ γένεις καλή, νὰ πανδρευθεῖς, καὶ νὰ βγαίνουμε καὶ νὰ μπαίνουμε, καὶ νὰ βλέπουμε τὸν κόσμο, καὶ νὰ καθόμαστε μαζὶ στὸ παρεθύρι νὰ διαβάζουμε τὴ θεία Γραφὴ καὶ τὴ Χαλιμά».
4. Καὶ ἀφοῦ τὴν ἐχάϊδεψε καὶ τῆς φίλησε τὰ μάτια καὶ τὰ χείλια, τὴν ἄφησε ἀπάνου στὴν καθίκλα λεόντας της: Νὰ καὶ ἕνα καθρεφτάκι καὶ κοιτάξου ποὺ εἶσ᾽ ὄμορφη καὶ μοῦ μοιάζεις.

5. Καὶ ἡ κόρη ποὺ δὲν ἤτανε μαθημένη μὲ τὰ καλὰ ἡσύχασε, καὶ ἀπὸ τὴ χαρά της ἐδάκρυσε.

6. Καὶ ἰδοὺ μεγάλη ταραχὴ ποδιῶν, ὅπου πάντοτε αὔξαινε.

7. Καὶ ἐσταμάτησε κοιτάζοντας κατὰ τὴ θύρα καὶ φουσκώνοντας τὰ ρουθούνια της.

8. Καὶ ἰδοὺ παρεσιάζουνται ὀμπρός της οἱ γυναῖκες τοῦ Μισολογγιοῦ. Ἐβάλανε τὸ δεξί τους στὰ στήθια καὶ ἐπροσκυνήσανε· καὶ ἐμείνανε σιωπηλὲς καὶ ἀκίνητες.

9. «Καὶ ἔτσι δά, πῶς; Τί κάνουμε; θὰ παίξουμε; Τί ὁρίζετε, κυράδες; Ἐκάμετε ἀναβαίνοντας τόση ταραχὴ μὲ τὰ συρτοπάπουτσα, ποὺ λογιάζω πὼς ἤρθετε νὰ μοῦ δώσετε προσταγές».

10. Καὶ ὅλες ἐμείνανε σιωπηλὲς καὶ ἀκίνητες· ἀλλὰ μία εἶπε: «Ἀμ᾽ ἔχεις δίκαιο. Εἶσαι στὴν πατρίδα σου καὶ στὸ σπίτι σου, καὶ μεῖς εἴμαστε ξένες καὶ ὅλο σπρώξιμο θέλουμε».

11. Καὶ ἐτότες ἡ γυναίκα τῆς Ζάκυνθος τὴν ἀντίσκοψε καὶ ἀποκρίθηκε: «Κυρὰ δασκάλα, ὅλα τὰ χάσετε, ἀλλὰ ἀπὸ ἐκεῖνο ποὺ ἀκούω ἡ γλώσσα σᾶς ἔμεινε.

12. »Εἶμαι στὴν πατρίδα μου καὶ στὸ σπίτι μου; Καὶ ἡ ἀφεντιά σου δὲν ἤσουνα στὴν πατρίδα σου καὶ στὸ σπίτι σου;

13. »Καὶ τί σᾶς ἔλειπε, καὶ τί κακὸ εἴδετε ἀπὸ τὸν Τοῦρκο; Δὲ σᾶς ἄφηνε φαητά, δούλους, περιβόλια, πλούτια; Καὶ δόξα σοι ὁ θεὸς εἴχετε περσότερα ἀπὸ ἐκεῖνα ποὺ ἔχω ἐγώ.

14. »Σᾶς εἶπα ἐγὼ ἴσως νὰ χτυπήσετε τὸν Τοῦρκο, ποὺ ἐρχόστενε τώρα σὲ μὲ νὰ μοῦ γυρέψετε καὶ νὰ μὲ βρίσετε;

15. »Ναίσκε! Ἐβγήκετε ὄξω νὰ κάμετε παλληκαριές. Οἱ γυναῖκες ἐπολεμούσετε (ὄμορφο πρᾶμα ποὺ ἤθελ᾽ ἤσθενε μὲ τουφέκι καὶ μὲ βελέσι· ἢ ἐβάνετε καὶ βρακί;). Καὶ κάτι ἐκάμετε στὴν ἀρχή, γιατὶ ἐπήρετε τὰ ἄτυχα παλληκάρια τῆς Τουρκιᾶς ξάφνου.

16. »Καὶ πῶς ἐμπόρειε ποτὲ τοῦ νὰ ὑποφτευθεῖ τέτοια προδοσία; Τὄθελε ὁ Θεός; Δὲν ἀνακατωνόστενε μὲ δαῦτον μέρα καὶ νύχτα;

17. »Τόσο κάνει καὶ ἐγὼ νὰ μπήξω τὸ μαχαίρι μὲς στὸ ξημέρωμα στὸ λαιμὸ τοῦ ἀνδρός μου (ποὺ νὰ τόνε πάρει ὁ διάολος).

18. »Καὶ τώρα ποὺ βλέπετε πὼς πᾶνε τὰ πράματά σας κακά, θέλτε νὰ πέσει τὸ βάρος ἀπάνου μου.

19. »Καλή, μὰ τὴν ἀλήθεια. Αὔριο πέφτει τὸ Μισολόγγι,

βάνουνε σὲ τάξη τὴν Ἑλλάδα τὴ ζουρλὴ οἱ βασιλιάδες, εἰς τοὺς ὁποίους ἔχω ὅλες μου τὲς ἐλπίδες,

20. »καὶ ὅσοι μείνουνε ἀπὸ τὸν ξολοθρεμὸ ἔρχονται στὴ Ζάκυνθο νὰ τοὺς θρέψουμε, καὶ μὲ τὴν κοιλιὰ γιομάτη μας βρίζουνε».

21. Λέοντας ἐσιώπησε ὀλίγο κοιτάζοντας μὲς στὰ μάτια τὲς γυναῖκες τοῦ Μισολογγιοῦ.

22. «Και ἔτσι ξέρω καὶ μιλῶ καὶ ἐγώ, ναὶ ἢ ὄχι; Καὶ τώρα δὰ τί ἀκαρτερεῖτε; Εὑρήκετε ἴσως εὐχαρίστηση νὰ μὲ ἀκοῦτε νὰ μιλῶ;

23. »Ἐσεῖς δὲν ἔχετε ἄλλη δουλειὰ παρὰ νὰ ψωμοζητᾶτε. Καί, νὰ ποῦμε τὴν ἀλήθεια, στοχάζουμαι πῶς θὲ νἆναι μιὰ θαράπαψη γιὰ ὅποιον δὲν ντρέπεται.

24. »Ἀλλά ἐγὼ ἔχω δουλειά. Ἀκοῦστε; ἔχω δουλειά». Καὶ φωνάζοντας τέτοια δὲν ἤτανε πλέον τὸ τριπίθαμο μπουρίκι, ἀλλὰ ἐφάνηκε σωστή.

25. Γιατὶ ἀσηκώθηκε μὲ μεγάλο θυμὸ στὴν ἄκρη τῶν ποδιῶν, καὶ μόλις ἄγγισε τὸ πάτωμα καὶ ἐγκρίλωσε τὰ μάτια, καὶ τὸ ἄβλαφτο μάτι ἐφάνηκε ἀλληγορικὸ καὶ τὸ ἀλληθώρικο ἔσιαξε. Καὶ ἐγίνηκε σὰν τὴν προσωπίδα τὴν ὕψινη ὁποὺ χύνουνε οἱ ζωγράφοι εἰς τὰ πρόσωπα τῶν νεκρῶν γιὰ νά...

26. Καὶ ὅποιος τὴν ἔβλεπε νὰ ξανάρθει στὴν πρώτη της μορφὴ ἔλεγε: Ὁ διάβολος ἴσως τὴν εἶχε ἀδράξει, ἀλλὰ ἐμετάνιωσε καὶ τὴν ἄφησε, γιὰ τὸ μίσος ποὺ ἔχει τοῦ κόσμου.

27. Καὶ ἡ θυγατέρα της κοιτάζοντάς την ἐφώναξε· καὶ οἱ δοῦλοι ἐξαστόχησαν τὴν πείνα τους, καὶ οἱ γυναῖκες τοῦ Μισολογγιοῦ ἐκατέβηκαν χωρὶς νὰ κάμουνε ταραχή.

28. Ἐτότες ἡ γυναίκα τῆς Ζάκυνθος βάνοντας τὴν ἀπαλάμη ἀπάνου στὴν καρδιά της καὶ ἀναστενάζοντας δυνατά, εἶπε:

29. »Πως μοῦ χτυπάει, Θέ μου, ἡ καρδιά, ποὺ μοῦ ἔπλασες τόσο καλή!

30. »Μὲ συγχύσανε αὐτὲς οἱ πόρνες! Ὅλες οἱ γυναῖκες τοῦ κόσμου εἶναι πόρνες.

31. »Ἀλλά ἐσύ, κόρη μου, δὲ θὲ νἆσαι πόρνη σὰν τὴν ἀδελφή μου καὶ σὰν τὶς ἄλλες γυναῖκες τοῦ τόπου μου!

32. »Κάλλιο θάνατος. Καὶ ἐσύ, μάτια μου, ἐσκιάχθηκες. Ἔλα, στάσου ἥσυχη, γιατὶ ἂν ἀναδευτεῖς ἀπὸ αὐτὴν τὴν καθίκλα, κράζω εὐθὺς ὀπίσω ἐκεῖνες τὲς στρίγλες καὶ σὲ τρῶνε».

131

33. Καὶ οἱ δοῦλοι εἶχαν πάγει στὸ μαγερειὸ χωρὶς νὰ καρτερέσουν τὴν προσταγὴ τῆς γυναικός, καὶ ἐκεῖ ἄρχισαν νὰ μιλοῦν γιὰ τὴν πείνα τους.

34. Καὶ ἡ γυναίκα ἐτότες ἐμπῆκε στὸ δῶμα της.

35. Καὶ σὲ λίγο ἔγινε μεγάλη σιωπὴ καὶ ἄκουσα τὸ κρεβάτι νὰ τρίξει πρῶτα λίγο καὶ κατόπι πολύ. Καὶ ἀνάμεσα στὸ τρίξιμο ἐβγαίνανε λαχανιάσματα καὶ γογγυσμοί.

36. καθὼς κάνουν οἱ βαστάζοι ὅταν οἱ κακότυχοι ἔχουν βάρος εἰς τὴν πλάτη τους ἀνυπόφορτο.

37. Καὶ ἔφυγα ἀπὸ τὴν πέτρα τοῦ σκανδάλου ἐγὼ Διονύσιος Ἱερομόναχος. Καὶ ὅ,τι ἔβγαινα ἀπὸ τὴ θύρα τοῦ σπιτιοῦ ἀπάντηξα τὸν ἄνδρα τῆς γυναικὸς ὁποὺ ἀνέβαινε.

ΚΕΦΑΛΑΙΟΝ 5
ΠΡΟΦΗΤΕΙΑ ΑΠΑΝΟΥ ΣΤΟ ΠΕΣΙΜΟ ΤΟΥ ΜΙΣΟΛΟΓΓΙΟΥ

1. Καὶ ἀκολούθησα τὲς γυναῖκες τοῦ Μισολογγιοῦ, οἱ ὁποῖες ἐστρωθήκανε στ᾽ ἀκρογιάλι, καὶ ἐγὼ ἤμουνα ἀπὸ πίσω ἀπὸ μιὰ φράχτη καὶ ἐκοίταζα.

2. Καὶ κάθε μία ἔβαλε τὸ χέρι καὶ ἔβγαλε ὅ,τι κι ἂν ἐμάζωξε, καὶ ἐκάμανε ἕνα σωρό.

3. Καὶ μία ἀπ᾽ αὐτὲς ἁπλώνοντας τὸ χέρι καὶ ψηλαφίζοντας τὸ γιαλό: Ἀδερφάδες, ἐφώναξε,

4. ἀκοῦτε, ἂν ἔκαμε ποτὲ τέτοιο σεισμὸ σὰν καὶ τώρα, τὸ Μισολόγγι ἴσως νικάει, ἴσως πέφτει.

5. Καὶ ἐκίνησα γιὰ νὰ φύγω καὶ εἶδα ἀπὸ πίσω ἀπὸ τὴν ἐκκλησία (ἰδὲς πῶς τὴ λένε) μιὰ γριούλα, ὁποὺ εἶχε στήσει ἀνάμεσα στὰ χόρτα μικρὰ κεράκια καὶ ἔκαιε λιβάνι· καὶ τὰ κεράκια στὴν πρασινάδα ἐλάμπανε καὶ τὸ λιβάνι ἀνέβαινε.

6. Καὶ ἀσήκωνε τὰ ξερόχερα παίρνοντας ἀπὸ τὸ λιβάνι καὶ κλαίοντας, καὶ ἀναδεύοντας τὸ ξεδοντιασμένο στόμα ἐπαρακάλειε.

7. Κ᾽ ἐγὼ ἄκουγα μέσα μου μεγάλη ταραχὴ καὶ μὲ συνεπῆρε τὸ πνεῦμα στὸ Μισολόγγι. Καὶ δὲν ἔβλεπα μήτε τὸ κάστρο, μήτε τὸ στρατόπεδο, μήτε τὴ λίμνη, μήτε τὴ θάλασσα, μήτε τὴ γῆ ποὺ ἐπάτουνα, μήτε τὸν οὐρανό· πολιορκούμενους καὶ

πολιορκισμένους καὶ ὅλα τὰ ἔργα τους καὶ ὅλα τὰ πάντα τὰ
ἐκατασκέπαζε μαυρίλα καὶ πίσσα.

8. Καὶ ὕψωσα τὰ μάτια καὶ τὰ χέρια κατὰ τὸν οὐρανὸ γιὰ νὰ
κάμω δέηση μὲ ὅλη τὴ θερμότητα τῆς ψυχῆς, καὶ εἶδα
φωτισμένη ἀπὸ μίαν ἀκατάπαυστη σπιθοβολὴ μία γυναίκα μὲ
μιὰ λύρα στὸ χέρι ποὺ ἐσταμάτησε ἀνάερα μὲς στὴν καπνούρα.

9. Καὶ μόλις ἔλαβα καιρὸ νὰ θαμάξω γιὰ τὸ φόρεμά της ποὺ
ἤτανε μαῦρο σὰν τοῦ λαγοῦ τὸ αἷμα, γιὰ τὰ μάτια της, κτλ.,
ἐσταμάτησε ἡ γυναίκα μὲς στὴν καπνούρα καὶ ἐκοίταε τὴ μάχη,
καὶ ἡ μύρια σπίθα ὅπου πετιέται ψηλὰ ἐγγίζει τὸ φόρεμά της
καὶ σβένεται.

10. Ἅπλωσε τὰ δάχτυλα στὴ λύρα καὶ τὴν ἄκουσα νὰ ψάλει τὰ
ἀκόλουθα:
Τὸ χάραμα ἐπῆρα
Τοῦ ἥλιου τὸ δρόμο
Κρεμώντας τὴ λύρα
Τὴ δίκαιη στὸν ὦμο.
Κι ἀπ᾽ ὅπου χαράζει
Κι᾽ ὡς ὅπου βυθᾶ κτλ.

11. Καὶ ὅ,τι εἶχε ἀποτελειωμένα τὰ λόγια της ἡ Θεά, οἱ δικοί μας
ἐκάνανε φοβερὲς φωνὲς γιὰ τὴ νίκη ποὺ ἐκάμανε. Καὶ οἱ δικοί
μας καὶ ὅλα μου ἔγιναν ἄφαντα, καὶ τὰ σωθικά μου πάλι
φοβερὰ ἐταραχθήκανε καὶ μοῦ φάνηκε πῶς ἐκουφάθηκα καὶ
ἐστραβώθηκα.

12. Καὶ σὲ λίγο εἶδα ὀμπρός μου τὴ γριούλα ὅπου ἔλεγε: Δόξα
σοὶ ὁ Θεός, Ἱερομόναχε, ἔλεα πὼς κάτι σοῦρθε. Σ᾽ ἔκραξα, σ᾽
ἐκούνησα, καὶ δὲν ἄκουγες τίποτες, καὶ τὰ μάτια σου
ἐσταμάτιζαν στὸν ἀέρα, ἐνῶ τώρα στὰ στερνὰ ἡ γῆς ἐσκιρτοῦσε
σὰν τὸ χόχλο στὸ νερὸ ποὺ ἀναβράζει. Τώρα ὅ,τι ἔπαψε ποὺ
ἐτελειώσανε τὰ κεράκια καὶ τὸ λιβάνι. Λὲς οἱ δικοί μας νὰ
ἐκερδέσανε;

13. Καὶ ἐκίνησα μὲ τὸ Χάρο μὲς στὴν καρδιά μου νὰ φύγω. Καὶ ἡ
γριούλα ἔπειτα ποὺ φίλησε τὸ χέρι κάνοντας μία μετάνοια εἶπε:
Καὶ τί παγωμένο ποῦναι τὸ χέρι σου.

ΚΕΦΑΛΑΙΟΝ 6
ΤΟ ΜΕΛΛΟΝΤΑ ΓΕΝΑΜΕΝΟ ΠΑΡΟΝ. Η ΚΑΚΙΑ ΕΙΝΑΙ ΤΟ ΤΕΛΟΣ

1. Καὶ ἐκοίταξα τριγύρου καὶ δὲν ἔβλεπα τίποτες καὶ εἶπα:
2. Ὁ Κύριος δὲ θέλει νὰ ἰδῶ ἄλλο. Καὶ γυρίζοντας τὸ πρόσωπο ὅπου ἦταν οἱ πλάτες μου ἐκίνησα γιὰ νὰ πάω στὸν Ἄι-Λύπιο.
3. Ἀλλὰ ἄκουσα νὰ τρέμει ἡ γῆς ἀπὸ κάτου ἀπὸ τὰ πόδια μου, καὶ πλῆθος ἀστραπὲς ἐγιόμοζαν τὸν ἀέρα πάντα αὐξαίνοντας τῇ γοργότητα καὶ τῇ λάμψῃ. Καὶ ἐσκιάχθηκα, γιατὶ ἡ ὥρα ἤτανε κοντὰ στ᾽ ἄγρια μεσανύχτια.
4. Τόσο, ποὺ ἔσπρωξα ὀμπρὸς τὰ χέρια μου, καθὼς κάνει ὁ ἄνθρωπος ὅπου δὲν ἔχει τὸ φῶς του.
5. Καὶ εὑρέθηκα ὀπίσω ἀπὸ ἕναν καθρέφτη, ἀνάμεσα σ᾽ αὐτόνε καὶ στὸν τοῖχο. Καὶ ὁ καθρέφτης εἶχε τὸν ψῆλο τοῦ δώματος.
6. Καὶ μιὰ φωνὴ δυνατὴ καὶ ὀγλήγορη μοῦ ἐβάρεσε τὴν ἀκουὴ λέγοντας:
7. Ὦ Διονύσιε Ἱερομόναχε, τὸ μέλλοντα θὲ νὰ γίνει τώρα γιὰ σὲ παρόν. Ἀκαρτέρει καὶ βλέπεις ἐκδίκησην Θεοῦ.
8. Καὶ μιὰ ἄλλη φωνή μου εἶπε τὰ ἴδια λόγια τραυλίζοντας.
9. Καὶ αὐτὴ ἡ δεύτερη φωνὴ ἤτανε ἑνοῦ γέρου ποὺ ἀπέθανε καὶ εἶχα γνωρίσει. Καὶ ἐθαύμαξα γιατὶ ἦταν ἡ πρώτη φορὰ ποὺ ἄκουσα τὴν ψυχὴ τοῦ ἀνθρώπου νὰ τραυλίζει. Καὶ ἄκουσα ἕνα τρίτο μουρμουρητὸ ποὺ ἐφαινότουνα μία φυσηματιὰ μὲς στὸν καλαμιώνα, ὅμως δὲν ἄκουσα λόγια.
10. Καὶ ἐκοίταξα ἀνάερα γιὰ νὰ ξανοίξω ποῦθεν ἐβγαίνανε αὐτὲς οἱ φωνές, καὶ δὲν εἶδα παρὰ τοὺς δυὸ χοντροὺς καὶ μακρίους πέρονους ποὺ ἐβγαίνανε ἀπὸ τὸν τοῖχο, στοὺς ὁποίους ἀκουμποῦσε ὁ καθρέφτης δεμένος ἀπὸ τὴ μέση.
11. Καὶ ἀναστενάζοντας βαθιά, καθὼς κάνει ὁ ἄνθρωπος ὅπου βρίσκεται γερασμένος, ἀγρίκησα μυρωδία ἀπὸ λείψανο.
12. Καὶ ἐβγῆκα ἀπὸ κεῖ καὶ ἐκοίταξα τριγύρω καὶ εἶδα.
13. Εἶδα ἀντίκρυ ἀπὸ τὸν καθρέφτη στὴν ἄκρη τῆς κάμερας ἕνα κρεβάτι, καὶ κοντὰ στὸ κρεβάτι ἕνα φῶς. Καὶ ἐφαινότουνα πῶς δὲν ἤτουνα μὲς στὸ κρεβάτι τίποτες, καὶ ἀπάνου ἤτανε πολλὴ μύγα κουλουμωτή.
14. Καὶ ἀπάνου στὸ προσκέφαλο εἶδα σὰ μιὰ κεφαλὴ ἀκίνητη

καὶ καὶ λιανὴ σὰν ἐκεῖνες ποὺ κάνουνε στὰ χέρια καὶ στὰ στήθια οἱ πελαγίσιοι μὲ τὸ βελόνι.

15. Καὶ εἶπα μέσα μου: Ὁ Κύριος μοῦ ἔστειλε ἐτούτη τὴ θέα γιὰ σύμβολο σκοτεινὸ τῆς θέλησής του.

16 Γιὰ τοῦτο ἐγώ, παρακαλώντας θερμὰ τὸν Κύριον νὰ καταδεχτεῖ νὰ μὲ βοηθήσει γιὰ νὰ καταλάβω αὐτὸ τὸ σύμβολο, ἐσίμωσα τὸ κρεβάτι.

17. Καὶ κάτι ἀναδεύτηκε μὲς στὰ σεντόνια τὰ λερωμένα καὶ ξεντερολοϊσμένα καὶ αἱματωμένα.

18. Καὶ κοιτάζοντας καλύτερα στὴν εἰκόνα τοῦ προσκέφαλου ἐταραχθήκανε τὰ σωθικά μου, γιατὶ ἀπὸ ἕνα κίνημα ποὺ ἔκαμε μὲ τὸ στόμα ἐγνώρισα τὴ γυναίκα τῆς Ζάκυνθος ποὺ ἐκοιμότουνα σκεπασμένη ἀπὸ τὸ σεντόνι ὡς τὸ λαιμό, ὅλη φθαρμένη ἀπὸ τὸ τηχτικό.

ΚΕΦΑΛΑΙΟΝ 7
ΔΕ ΣΟΥ ΔΙΝΩ ΜΗΤΕ ΕΝΑ ΨΙΧΑΛΟ

1. Ἀλλὰ ἐκαλοκοίταξα ἐκεῖνον τὸν ὕπνο καὶ ἐκατάλαβα ποὺ ἤθελε βαστάξει λίγο, γιὰ νὰ δώσει τόπο τοῦ ἀλλουνοῦ ποὖναι χωρὶς ὀνείρατα.

2. Καὶ ἐπειδὴ ἐκεῖ μέσα δὲν ἤτανε οὔτε φίλος οὔτε δικός, οὔτε γιατρὸς οὔτε πνεματικός, ἐγὼ Διονύσιος Ἱερομόναχος ἔσκυψα καὶ μὲ τὰ καλὰ τῆς ἔλεγα νὰ ξαγορευθεῖ.

3. Καὶ αὐτὴ ἐμισάνοιξε τὸ στόμα της καὶ ἔδειξε τὰ δόντια της ἀκλουθώντας νὰ κοιμᾶται.

4. Καὶ ἰδοὺ ἡ πρώτη φωνὴ ἡ ἀγνώριστη ποὺ μοὖπε στὸ δεξὶ αὐτί: Ἡ δύστυχη θρέφει πάντα στὸ νοῦ της φοῦρκες, φυλακὲς καὶ Τούρκους ποὺ νικᾶνε καὶ Γραικοὺς ποὺ σφάζονται.

5. Τούτη τὴ στιγμὴ βλέπει στὸν ὕπνο της τὸ πρᾶγμα ποὺ πάντοτες ἀπεθύμουνε, ἤγουν τὴν ἀδελφή της ποὺ διακονεύει, καὶ γιὰ τοῦτο τὴν εἶδες τώρα ποὺ ἐχαμογέλασε.

6. Καὶ ἡ δεύτερη φωνὴ ποὺ ἐγνώριζα ἐξανάειπε τὰ ἴδια λόγια τραυλίζοντας καὶ κάνοντας ἕνα σωρὸ ὅρκους καθὼς ἀπὸ ζώντας ἐσυνηθοῦσε:

7. Ἀλήθεια, μὰ-μὰ-μαα-μὰ τὴν Παναγιά, ἄκουσ᾽ ἐδῶ, ἀααλήθεια, μμμὰ τὸν Ἄι-Νικόλα ἄκουσ᾽ ἐδῶ, ἀλλλήθεια, ἄκουσ᾽ ἐδῶ, μὰ τὸν Ἄι-Σπυ-σπυρί-δωνα ἀλήθεια, μὰ τ᾽

ἀγναχραρα-χραχρα-γράχναντα μυστήρια τοῦ Θεοῦ. Καὶ ἰδοὺ πάλι τὸ μουρμουρητὸ ποὺ ἐφαινότουνα ἡ φυσηματιὰ μὲς στὸν καλαμιῶνα.»

8. Ξάφνου ἡ γυναίκα ἔβγαλε τὸ χέρι ἀπὸ τὸ σεντόνι καὶ ἐχτύπησε, καὶ οἱ μύγες ἀσηκωθήκανε.

9. Καὶ ἀνάμεσα στὴ βουὴ ὁποὺ ἐκάνανε ἄκουσα τὴ φωνὴ τῆς γυναικὸς ὁποὺ ἐφώναξε: Ὄξω, πόρνη, ἀπὸ δῶ. Δέ σου δίνω μήτε ἕνα ψίχαλο.

10. Καὶ ἐτίναξε τὸ χέρι ὄξω ἀπὸ τὸ κρεβάτι σὰ γιὰ νὰ διώξει μακριὰ τὴν ἀδελφή της ποὺ τῆς φαινότουνα πῶς ἦλθε νὰ διακονέψει.

11. Καὶ ἐξεσκεπάσθηκε σχεδὸν ὅλη ἀπὸ τὸ λερωμένο σεντόνι καὶ ἐφάνηκε ἕνα ψοφογάτσουλο ὁποὺ ξετρουπώνει ἀπὸ τὴν κροπιὰ ἕνας ἀνεμοστρούφουλας.

12. Ἀλλὰ ἐχτύπησε τὸ χέρι της σὲ μιὰ κάσα πεθαμένου, ποὺ εὑρέθηκε ἐκεῖ ξάφνου, καὶ ἐκόπηκε τὸ ὄνειρο τῆς ἁμαρτωλῆς.

13. Καὶ ἄνοιξε τὰ μάτια της, καὶ βλέποντας τὴν κάσα ἀνατρίχιασε, γιατὶ ἐσκιάχθηκε μὴ τὴ βάλανε ἐκεῖ στοχάζοντάς τηνε πεθαμένη.

14. Καὶ ἑτοιμαζότουνα νὰ φωνάξει δυνατὰ γιὰ νὰ δείξει πῶς δὲν ἀπέθανε, ἀλλὰ ἰδοὺ προβαίνει ἀπὸ τὴν κάσα μία κεφαλὴ γυναικεία φθαρμένη καὶ αὐτὴ ἀπὸ τὸ τηχτικό, ποὺ ἀγκαλὰ καὶ πλέον ἡλικιωμένη πολὺ τῆς ἔμοιαζε.

15. Πηδάει στὴ ζερβιά του κρεβατιοῦ, ἀλλὰ ἐχτύπησε τὴ μούρη της σὲ μιὰν ἄλλη κάσα, καὶ ὄξω ἀπὸ αὐτὴ ἕνα κεφάλι γέρου, καὶ ἤτανε ὁ γέρος ποὺ ἐγνώριζα.

16. Καὶ τὸ πρόσωπο τοῦ γέρου ἤτανε σὰν τὸν τζίτζικα, καὶ τῆς παιδούλας σὰν τὴν ἔκλειψη τοῦ φεγγαριοῦ, καὶ τῆς γραίας σὰν τ᾽ ἄγρια μεσάνυχτα.

17. Καὶ ἔτσι ἐγνώρισα ὅτι ἔμελλε τῆς γυναικὸς βρεθεῖ πρὶν ξεψυχήσει ἀνάμεσα στὸν πατέρα της καὶ στὴ μάνα της καὶ στὴ θυγατέρα της.

18. Καὶ ἔφριξα καὶ ἔστριψα στὴν ἀντίκρυ μεριὰ τὸ πρόσωπό μου, καὶ ἐξανάσανε τὸ μάτι μου στὸν καθρέφτη, ὁ ὁποῖος δὲν ἔδειχνε παρὰ τὴ γυναίκα μοναχὴ καὶ ἐμὲ καὶ τὸ φῶς.

19. Γιατὶ τὰ σώματα τῶν ἄλλων τριῶν ἡσυχάσανε στὸ μνῆμα τους, ἀπὸ τὰ ὁποῖα θὰ πεταχθοῦν ὅταν βαρέσει ἡ Σάλπιγγα,

20. μαζὶ μ᾽ ἐμέ, τὸ Διονύσιο τὸν Ἱερομόναχο, μαζὶ μὲ τὴ γυναίκα τῆς Ζάκυνθος, μαζὶ μὲ ὅλα τὰ τέκνα τοῦ Ἀδὰμ στὴ μεγάλη κοιλάδα τοῦ Ἰωσαφάθ.

21. Καὶ ἄρχισα νὰ συλλογισθῶ ἀπάνου στὴ δικαιοσύνη τοῦ Θεοῦ, ποὺ θὲ νᾶναι αὐτὴ τὴν ἡμέρα φανούσιμη, καὶ τὸ μάτι (προσηλωμένο στὸν καθρέφτη) ἐμποδίσθηκε ἀπὸ τὸ λογισμό.

22. Ἀλλὰ ἀκολούθως ὁ λογισμὸς ἐμποδίστηκε ἀπὸ τὸ μάτι,

23. ἐπειδὴ στριφογυρίζοντας ἐγὼ ἔπειτα τὰ μάτια ἐδῶ καὶ ἐκεῖ, καθὼς κάνει ὁ ἄνθρωπος ποὺ συλλογίζεται πρᾶμα δύσκολο ποὺ πολεμάει νὰ καταλάβει,

24. εἶδα ἀπὸ τὴν κλειδωνότρουπα ποὺ κάτι ἐμπόδιζε τὸ φῶς καὶ ἐβάστουνε πολληώρα καὶ ἔπειτα ἐξαναφαινότουνα.

25. Καὶ ἀκούτουνα ἀκολούθως ἕνα μουρμουρητὸ στὴν ἄλλη κάμερα, καὶ δὲν ἐκαταλάβαινα τίποτες, καὶ ἐξανακοίταξα στὸ μέρος τῆς ὀπτασίας.

26. Καὶ ἤτανε μεγάλη σιωπὴ καὶ δὲν ἄκουες νὰ βουίξει μήτε μία μύγα ἀπὸ τόσο πλῆθος, γιατὶ ἤτανε ὅλες μαζωμένες εἰς τὸν καθρέφτη,

27. Ὁ ὁποῖος εἰς πολλὰ μέρη ἐπαράσταινε τὸ χρῶμα τοῦ πέπλου, ποὺ τὸ βάνουνε ὅταν λείπει γιὰ πάντα κανένας ἀπὸ τὴ φαμιλιά.

ΚΕΦΑΛΑΙΟΝ 8
ΤΟ ΖΩΝΑΡΙ

1. Ἀλλὰ ἡ μάνα της χωρὶς νὰ κοιτάξει κατὰ τὴ θύρα, χωρὶς νὰ κοιτάξει τὴ θυγατέρα της, χωρὶς νὰ κοιτάξει κανέναν, ἀρχίνησε:

2. Ἐτούτη τὴ στιγμὴ τὸ μάτι καὶ τὸ αὐτὶ τοῦ παιδιοῦ σου σὲ παραμονεύει τὴν κλειδωνότρουπα, καὶ σὲ ἀπομακραίνει, γιατὶ σκιάζεται τὸ κακό σου. Καὶ ἔτσι ἔκαμες καὶ ἐσὺ μ᾽ ἐμέ.

* * *

3. Γιὰ τοῦτο σόδωσα τὴν κατάρα μου γονατισμένη καὶ ξέπλεκη εἰς τὴν πίκρα τῆς ψυχῆς μου, ὅταν ἀσήμαιναν ὅλες οἱ ἐκκλησίες τὴν ἡμέρα τοῦ Πάσχα.

4. Στὴν ξανάδωσα μίαν ὥρα πρὶν ξεψυχήσω, καὶ τώρα στὴν ξαναδίνω κακὸ καὶ ἀνάποδο θηλυκό.

5. Καὶ ἡ τρίδιπλη κατάρα θέλει εἶναι ἀληθινὴ καὶ ἐνεργητικὴ στὸ κορμί σου καὶ στὴν ψυχή σου, καθὼς εἶναι ἀληθινὰ καὶ ἐνεργητικὰ στὸν φαινόμενο καὶ στὸν ἀόρατο κόσμο τὰ τρία

προσώπατα τῆς Ἁγίας Τριάδας.

6. Ἔτσι λέοντας ἔβγαλε ἕνα ζωνάρι ποὺ ἤτανε τοῦ ἀνδρός της, τὸ χουχούλισε τρεῖς φορὲς καὶ τὸ πέταξε μὲς στὰ μοῦτρα της.

7. Καὶ ὁ γέρος ἐτραύλισε ἐτοῦτα τὰ ὕστερα λόγια, καὶ ἡ παιδούλα ἀναδεύτηκε στὸ κόκκινο προσκέφαλο σὰν τὸ μισοσκοτωμένο πουλί.

ΚΕΦΑΛΑΙΟΝ ΥΣΤΕΡΟΝ (9)
Η ΓΥΝΑΙΚΑ ΤΗΣ ΖΑΚΥΝΘΟΣ ΛΑΒΑΙΝΕΙ ΤΗ ΣΤΕΡΝΗ ΤΗΣ ΘΑΡΑΠΑΨΗ

1. Καὶ ἐχαθήκανε μὲ τὲς κάσες, καὶ ἡ γυναίκα μοναχὰ ἐτότες ἄκουσε δύναμη νὰ μπορέσει νὰ πεταχτεῖ.

2. Καὶ ἐχύθηκε πηδώντας ψηλὰ σὰν τ᾽ ἄστρο τοῦ καλοκαιριοῦ ποὺ στὸν ἀέρα χύνεται δέκα ὀργιὲς ἄστρο.

3. Καὶ ἐχτύπησε στὸν καθρέφτη καὶ οἱ μύγες ἐφύγανε καὶ ἐβουίζανε στὸ πρόσωπό της κουλουμωτές.

4. Καὶ αὐτή, λογιάζοντας πὼς ἦταν οἱ γονέοι της ἔτρεχε ἐδῶ καὶ ἐκεῖ,

5. ἀνοιγοκλειώντας τὴ φούχτα κάτι νἄβρει γιὰ διαφέντεψη, καὶ ηὕρηκε τὸ ζωνάρι, καὶ μὲ κεῖνο ἄρχισε νὰ χτυπάει.

6. Καὶ ὅσο ἐχτυποῦσε, τόσο οἱ μύγες ἐβουίζανε, καὶ τόσο αὐτὴ ἐκατατρόμαζε, ὅσο ποὺ τέλος πάντων ἔχασε τὸ νοῦ της ὁλότελα.

7. Γιατὶ τρέχοντας μὲ τὸ πουκάμισο, ποὺ ἡ φιλαργυρία τὄχε κάμει κοντό, ἔτρεξε τὸ μάτι της στὸν καθρέφτη,

8. καὶ ἐσταμάτηξε καὶ δὲν ἐγνώρισε τὸν ἑαυτό της, καὶ ἅπλωσε τὸ δάχτυλο καὶ ἀναγέλασε:

9. «Ὢ κορμί, ὢ κορμί! Τί πουκάμισο! Ἔ, καταλαβαίνω ἐγώ. Κἂν ποιὸς πονηρὸς μπορεῖ νὰ μοῦ κρύψει τὴν πονηριά του; Ἐκεῖνο τὸ πουκάμισο μὲ κάνει νὰ καταλάβω πὼς καμώνεται τρέλα γιὰ νἆν ἕτοιμος νὰ κριματίσει.

10.»Ἀλλά ποιὸς νἄναι; Μὰ τὴν ἀλήθεια ποὺ τῆς μοιάζει ὀλίγο. Ἄα! εἶσ᾽ ἐσὺ μπομπόκορμο, βρωμοπόρνη, μυγόχεσμα τοῦ σπιταλιοῦ, τσίπλα τῆς γουρούνας, σκατή, γαϊδούρα, κροπολόγα.

11.»Νά, τέλος πάντων, ὅ,τι σου προφήτεψα, καὶ οἱ φίλοι σου οἱ ἀγαπημένοι. Δὲ σόμεινε μήτε δισκάρι νὰ διακονεύεις μὲ δαῦτο.

12. »Εἶσαι στὰ χέρια μου. Τί θέλεις; Νὰ σοῦ κάμω ψυχικό; Τώρα στὸ κάνω. Νὰ ἰδῶ ἄ σοῦ μείνει φωνὴ νὰ πεῖς πὼς εἶμαι μουρλή».

13. Ἔτσι λέοντας ἔκαμε ἕνα γύρο καὶ ἐβάλθηκε μὲ μεγάλη λύσσα νὰ χορεύει, καὶ τὸ πουκάμισο τὸ κοντὸ εὑρισκότουνα στὸ πρόσωπό της. Καὶ τὰ μαλλιά, μαῦρα καὶ λιγδωμένα, ἔλεγες πὼς εἶναι φιδόπουλα ὁποὺ γένονται ἀνάμεσά τους κομμάτια ἀπάνου στὸν κορνιαχτό.

14. Καὶ στὴ ζέστα τοῦ χοροῦ ἔκανε μὲ τὸ ζωνάρι μία θηλιά, καὶ ὁ χορὸς ἐβάσταξε ὅσο νὰ κάμει τὴ θηλιά.

15. Καὶ εἶπε: «Ἀκλούθα με ἀπὸ πίσω ἀπὸ τὸν καθρέφτη, νὰ σοῦ κάμω τὸ ψυχικό, νὰ ἰδῶ ἄ σοῦ μείνει φωνὴ νὰ πεῖς πὼς εἶμαι ζουρλή.

16. »Γιατὶ ἔρχεται κάπου κάπου ὁ γάϊδαρος ὁ γιατρός, ὁποὺ θὰ σ᾽ ἔχει καὶ ἐκεῖνος, καὶ τοῦ σκαρφίστηκε πὼς εἶμαι ἄρρωστη».

17. Καὶ ἐπῆγε ὀπίσω ἀπὸ τὸν καθρέφτη, καὶ τὴν ἄκουα νὰ κάνει μεγάλη ταραχή.

18. Καὶ ἔσκασε ἕνα γέλιο μεγάλο ποὺ ἀντιβούισε ἡ κάμερα φωνάζοντας. Νά, μάτια μου, τὸ ψυχικό.

19. Ἐτότες ἔπεσα μὲ τὰ γόνατα χάμου νὰ κάμω δέηση γιὰ νὰ τὴν κάμει ὁ Κύριος νὰ μὴν εἶναι ἔξω φρενῶν, γιὰ τὸ λίγο ἀκόμη πόχει νὰ ζήσει, καὶ νὰ τῆς πάψει ἡ κακία.

20. Καὶ τελειωμένη ἡ δέηση ἐκοίταξα χάμου ὀπίσω ἀπὸ τὸν καθρέφτη στοχάζοντάς τηνε λιγωμένη, καὶ δὲν ἦτον ἐκεῖ.

21. Καὶ αἰσθάνθηκα τὸ αἷμα μου νὰ τραβηχτεῖ ἀπὸ τὰ μάγουλά μου.

22. Καὶ ἔπεσε τὸ κεφάλι ἀπάνου στὰ στήθια μου, καὶ εἶπα μέσα μου:

23. Ὁ θεὸς ξέρει ποὺ ἔφυγε ἡ δύστυχη, ἐνῶ ἐπαρακάλεα γιὰ αὐτὴν μὲ τὴ θέρμη τῆς ψυχῆς μου.

24. Καὶ ἐπέρασα πέρα μὲ τὸ κεφάλι σκυφτὸ καὶ στοχασμένο νὰ πάω νὰ τὴν εὕρω.

25. Καὶ ἄκουσα στὸ μέτωπο κάποιον τι κ᾽ ἔπεσα ξαφνισμένος τ᾽ ἀνάσκελα.

26. Κι ἐσηκώθηκα καὶ ἐπῆα ὀπίσω ἀπὸ τὸν καθρέφτη καὶ εἶδα τὴ γυναίκα τῆς Ζάκυνθος ποὺ ἐκρεμότουνα καὶ ἐκυμάτιζε.

ΚΕΦΑΛΑΙΟΝ ΥΣΤΕΡΟΝ (10)

1. Καὶ ἀσηκώθηκα ὅλος τετρομασμένος φωνάζοντας: Μνήσθητί μου, Κύριε, μνήσθητί μου, Κύριε, καὶ ἄκουσα ποδοβολὴ ἀνθρώπων ποὺ ἀνέβαιναν τὲς σκάλες.

2. Καὶ ἦταν καμιὰ δεκαπενταριὰ ἀνθρώποι καὶ οἱ περσότεροι ἐφοροῦσαν μιὰ προσωπίδα, ὄξω ἀπὸ πέντε, ὅπου ἐγνώρισα πολλὰ καλά.

3. Ὁ ἕνας (ζωγράφισε τοὺς ὅλους τοὺς πέντε).

4. Καὶ ἐπειδὴ χωρὶς ν᾽ ἀγαπᾶν τὴ γυναίκα ἐσυχνάζανε σπίτι της καὶ ἀρχινήσανε νὰ σκούζουνε,

5. Καὶ ἐγὼ γυρίζοντας κατ᾽ αὐτοὺς τοὺς εἶπα: Ὄξω ἀπὸ δῶ, ὄξω ἀπὸ δῶ! Τὰ κρίματά σας σᾶς ἐσύρανε ἐδῶ. Τοῦτος ὁ τόπος εἶναι κεραυνοκράχτης, γιατὶ ὁ θεὸς τὸν μισάει.

6. Καὶ ἐφοβήθηκαν ὀλίγο, ὅμως δὲν ἐφεύγανε.

7. Καὶ ἐστάθηκα σιωπηλὸς γιὰ νἄβρω τί νὰ τοὺς πῶ γιὰ νὰ φύγουνε.

8. Καὶ τοὺς εἶπα: «Παιδιά, ἀκοῦστε τὰ λόγια τοῦ Διονυσίου τοῦ Ἱερομόναχου. Ἐγὼ γιὰ μὲ πάω νὰ κάμω δέηση καὶ σᾶς ἀφήνω ἐδῶ.

9. Βάλτε τὸ χέρι στὴ συνείδησή σας, ἐσὺ Μ., ἐσὺ Γ., ἐσὺ Κ., ἐσὺ Π., ἐσὺ Τ. (γιατὶ σᾶς τοὺς ἄλλους δὲ σᾶς γνωρίζω), καὶ ἰδέστε τί μπορεῖ νἄβγει ἐὰν μείνετε. Ἡ διοίκηση σᾶς γνωρίζει καὶ βρίσκοντάς σας ἐδῶ θέλει πεῖ πὼς τὴν ἐφουρκίσετε ἐσεῖς».

10. Ἐτότε τοὺς εἶδα νὰ πισωπλατίσουν ὅλους, σπρώχνοντας ὁ ἕνας τὸν ἄλλον ποιὸς νὰ πρωτοφύγει, καὶ ἐροβολοῦσαν τὲς σκάλες μὲ μιὰ ταραχὴ ὅπου μοῦ φάνηκε πὼς οἱ περσότεροι ἐγκρεμιζόντανε.

Διαλογος

A voce piu ch`al ver drizzan li volti;
E cosi ferman sua opinione,
Prima ch`arte o ragion per lor s`ascolti

Dante Purg. XXVI, 121-123

ΠΟΙΗΤΗΣ — ΦΙΛΟΣ — ΣΟΦΟΛΟΓΙΩΤΑΤΟΣ

ΦΙΛ. Ἔπειτα ἀπὸ τόσες ὁμιλίες, ἐξέχασες κοιτάζοντας κατὰ τὸ Μοριά.

ΠΟΙΗΤ. Ἀλλὰ πρέπει νὰ ἐξέχασες καὶ σύ, γιατὶ δὲν μοῦ ὁμιλοῦσες παντελῶς· εἶναι πιθανὸ νὰ ἐστοχαζόμασθε τὰ ἴδια πράγματα καὶ οἱ δύο· ἠμπορεῖ νὰ ἐπέρασαν τρεῖς ὧρες ἀφοῦ ὁ ἥλιος ἐμεσουράνησε, θέλουν ἀκόμη τέσσερες γιὰ νὰ θολώσουν τὰ νερά, καί, ἂν θέλεις, ἠμποροῦμε νὰ καθίσουμε εἰς τούτη τὴν πέτρα, καὶ νὰ ξαναρχινήσουμε.

ΦΙΛ. Ἄς καθίσουμε· γλυκειὰ ἡ μυρωδιὰ τοῦ πελάγου, γλυκὸς ὁ ἀέρας, καὶ ὁ οὐρανὸς ἀσυγνέφιαστος.

ΠΟΙΗΤ. Τὸ πέλαγο εἶναι ὅλο στρωτό, καὶ ὁ ἀέρας λεπτότατος, καὶ ὅποιος ἤθελε νὰ κινήσῃ γιὰ τὸ Μοριά, δὲν ἠμποροῦσε νὰ κάμῃ ταξείδι χωρὶς νὰ δουλέψουν ἀκατάπαυστα τὰ κουπιά.

ΦΙΛ. Τί σοῦ ἀρέσει περισσότερο, ἡ ἡσυχία τῆς θαλάσσας, ἢ ἡ ταραχή;

ΠΟΙΗΤ. Νὰ σοῦ πῶ τὴν ἀλήθεια, μοῦ ἄρεσε πάντα ἡ γαλήνη, ὁποῦ ἁπλώνεται καθαρώτατη· τὴν ἐθεωροῦσα σὰν τὴν εἰκόνα τοῦ ἀνθρώπου, ὁποῦ ἀπομακραίνει ἀπὸ τὲς ἀνησυχίες τοῦ κόσμου, καὶ μὲ εἰλικρίνεια φανερώνει ὅσα ἔχει μέσα του. Ἀλλ᾽ ἀφοῦ ἐπέρασαν τὰ καράβια μας γιὰ νὰ πᾶνε στο Μεσολόγγι, μ᾽ ἀρέσει περισσότερο ἡ ταραχή· ἐφαίνονταν δύο δύο, τρία τρία, καὶ ἐξάνοιγες λευκὰ τὰ κατάρτια ἀπὸ τὰ φουσκωμένα πανιά, λευκὰ ἀπὸ τοὺς διασκορπισμένους ἀφροὺς τὰ κύματα, τὰ ὁποῖα μὲ μία βουή, ὁποῦ λὲς καὶ ἦταν χαρᾶς, ἀναγάλλιαζαν εἰς τὸ πέλαγο τοῦ Ἰονίου, καὶ ἐσυντρίβονταν εἰς τὸ γιαλὸ τῆς Ζακύνθου.

ΦΙΛ. Τὸ θυμοῦμαι καλά· καὶ τόσος ἦταν ὁ κρότος, καὶ τόση ἡ ἀνακάτωσι τοῦ πελάγου, ὅπου σὲ ἐπαραμέρισα, γιὰ ν᾽ ἀποφύγουμε τὸ ῥάντισμα, ὅπου ἀποπάνου μας ᾽σταλοβολοῦσε ἡ θάλασσα.

ΠΟΙΗΤ. Φαίνεται ὅτι ἐκεῖ πέρα οἱ δικοί μας δὲν ἔχουν τόση δυσκολιὰ νὰ βρέχονται μὲ τὸ αἷμα τους, ὅσην ἔχουμε ἐμεῖς νὰ νοτισθοῦμε ἀπὸ ὀλίγες σταλαγματιὲς θαλασσινές.

ΦΙΛ. Ἑτοιμάζεσαι πάλι νὰ ξανακοιτάξῃς κατὰ τὸ Μοριᾶ, καὶ νὰ ξανασωπάσῃς... ἀγκαλὰ ἐγὼ ἔχω τὸν τρόπο νὰ σὲ κάμω νὰ ὁμιλῇς ὅποτε θέλω.

ΠΟΙΗΤ. Ἐκατάλαβα· θέλεις νὰ ὁμιλήσουμε γιὰ τὴ γλῶσσα· μήγαρις ἔχω ἄλλο στο νοῦ μου, πάρεξ ἐλευθερία καὶ γλῶσσα; Ἐκείνη ἄρχισε νὰ πατῇ τὰ κεφάλια τὰ τούρκικα, τούτη θέλει πατήσῃ ὀγλήγορα τὰ σοφολογιωτατίστικα, καὶ ἔπειτα ἀγκαλιασμένες καὶ οἱ δύο θέλει προχωρήσουν εἰς τὸ δρόμο τῆς δόξας, χωρὶς ποτὲ νὰ γυρίσουν ὀπίσω, ἂν κανένας Σοφολογιώτατος κρώζῃ ἢ κανένας Τοῦρκος βαβίζῃ· γιατὶ γιὰ ᾽μὲ εἶναι ὅμοιοι καὶ οἱ δύο.

ΦΙΛ. Βέβαια εἶναι ἐχθροί μας καὶ οἱ δύο· μὲ κανεὶς νὰ θυμηθῶ τὰ λόγια τοῦ Λόκ· — Ἡ γλῶσσα εἶναι ἕνα μεγάλο ποτάμι, εἰς τὸ ὁποῖον ἔχουν ἀνταπόκρισι τὰ ὅσα γνωρίζει ὁ ἄνθρωπος, καὶ ὅποιος δὲν τὴν μεταχειρίζεται καθὼς πρέπει, κάνει ὅ,τι τοῦ βολέσῃ, γιὰ νὰ κόψῃ ἢ νὰ ἐμποδίσῃ τοὺς δρόμους, μὲ τὸ μέσον τῶν ὁποίων τρέχει ἡ πολυμάθεια. Ὅποιος κάνει λοιπὸν αὐτὸ μὲ ἀπόφασι θεληματική, πρέπει οἱ ἄλλοι νὰ τὸν στοχάζωνται ἐχθρὸν τῆς ἀληθείας καὶ τῆς πολυμαθείας.

ΠΟΙΗΤ. Τὶ λές; ὡς πότε θὰ πηγαίνῃ ὀμπρὸς αὐτὴ ἡ ὑπόθεσι; ἕνας λαὸς ἀπὸ τὸ ἕνα μέρος νὰ ὁμιλῇ σ᾽ ἕναν τρόπο, ὀλίγοι ἄνθρωποι ἀπὸ τὸ ἄλλο νὰ ἐλπίζουν νὰ κάμουν τὸν λαὸν νὰ ὁμιλῇ μίαν γλῶσσαν ᾽δικήν τους!

ΦΙΛ. Γιὰ κάποιο καιρὸ ἡ ὑπόθεσι θέλει ἀκολουθήσῃ· ἡ ἀλήθεια εἶναι καλὴ θεά, ἀλλὰ τὰ πάθη τοῦ ἀνθρώπου συχνότατα τὴν νομίζουν ἐχθρήν. Κάποιοι γνωρίζουν τὴν ἀλήθεια, ἀλλ᾽ ἐπειδὴ γράφοντας εἰς ἐκεῖνον τὸν τρόπον τὸν σκοτεινὸν ἀπόχτησαν κάποια φήμη σοφίας, τὸν ἀκολουθοῦν, καὶ ἃς εἶναι σφαλερός.

ΠΟΙΗΤ. Λοιπὸν εἶναι ἀξιοπαρόμοιαστοι μὲ τοὺς ἀνθρώπους, οἱ ὁποῖοι γιὰ νὰ ζήσουν πουλοῦν φαρμάκι.

ΦΙΛ. Περιγράφει τὸ ἐργαστήρι ἑνὸς ἀπ᾽ αὐτοὺς ὁ Σέϊκσπηρ ἐξαίρετα καὶ θέλω νὰ σοῦ ξαναθυμίσω τὰ λόγια του, γιατί, τῇ ἀληθείᾳ, μοῦ ξαναθυμοῦν τὸν τρόπον, εἰς τὸν ὁποῖον εἶναι γραμμένα τὰ βιβλία τῶν Σοφολογιώτατων. — Ἐκρέμονταν ἀπὸ τὸ πατερὸ τοῦ φτωχότατου ἐργαστηρίου μία ξεροχελῶνα, ἕνας κροκόδειλος ἀχερωμένος, καὶ ἄλλα δερμάτια ἀσχήμων ψαριῶν· ἦταν τριγύρου πολλὰ συρτάρια ἀδειανὰ μὲ ἐπιγραφές, ἀγγεῖα ἀπὸ χοντρόπηλο πράσινο, ἦταν φοῦσκες, ἦταν βρωμόχορτα παληωμένα, κακομοιριασμένα δεμάτια βοῦρλα, παληὰ κομμάτια ἀπὸ διαφόρων λογιῶν ἰατρικά, ἀραὰ σπαρμένα ἐδῶ κ᾽ ἐκεῖ, γιὰ νὰ προσκαλέσουν τὸν ἀγοραστή[3].

ΠΟΙΗΤ. Βλέπω ἀπὸ μακρυὰ ἕναν Σοφολογιώτατον· ἐπιθυμῶ γιὰ τὴν ἡσυχία μου καὶ γιὰ τὴ ᾽δική σου, καὶ γιὰ τὴ ᾽δική του, νὰ μὴν ἔλθη κοντὰ μας.

ΦΙΛ. Τὸ ἐπιθυμῶ πολύ· ἐσὺ θυμώνεις πάρα πολύ.

ΠΟΙΗΤ. Θυμώνω γιατὶ εἶμαι στενεμένος νὰ ξαναπῶ τὰ πράγματα, ὅπου εἶπαν τόσες φορὲς τὰ ἄλλα ἔθνη, καὶ δίχως ὠφέλεια νὰ τὰ ξαναπῶ. Οἱ Γάλλοι ἔλαβαν φιλονικεία γιὰ τὴ γλῶσσα, καὶ ἐτελείωσε εἰς τὴν ἐποχὴν τοῦ Δαλαμβέρτ· τὴν ἔλαβαν οἱ Γερμανοί, καὶ ὁ Ὄπιτς ἔδωσε τὸ παράδειγμα τῆς ἀλήθειας· τὴν ἔλαβαν οἱ Ἰταλοί, καὶ μὲ τόσο πεισμα, ὅπου μήτε τὸ παράδειγμα τοῦ Ὑψηλότατου Ποιητῆ εἶχε φθάσει γιὰ τότε νὰ τοὺς καταπείση. Ἡσύχασαν τέλος πάντων, γράφοντας τὴ γλῶσσα τοῦ λαοῦ τους, τὰ σοφὰ Ἔθνη, καὶ ἀντὶ ἐκεῖνες οἱ ἐλεεινὲς ἀνησυχίες νὰ μᾶς εἶναι παράδειγμα γιὰ νὰ τὲς ἀποφύγουμε, ἐπέσαμε εἰς χειρότερα σφάλματα. Τέλος πάντων οἱ Σοφολογιώτατοι ἐκείνων τῶν ἐθνῶν ἤθελαν νὰ γράφεται μία γλῶσσα, ὅπου ἦταν μία φορὰ ζωντανὴ εἰς τὰ χείλη τῶν ἀνθρώπων· κακὸ πρᾶγμα βέβαια, καὶ ἂν ἦταν ἀληθινὰ δυνατόν· γιατὶ δυσκολεύει τὴν ἐξαπλωσι τῆς σοφίας· ἀλλ᾽ οἱ δικοί μας θέλουν νὰ γράφουμε μία γλῶσσα, ἡ ὁποία μήτε ὁμιλιέται, μήτε ἄλλες φορὲς ὡμιλήθηκε, μήτε θέλει ποτὲ ὁμιληθῇ.

ΦΙΛ. Ὁ Σοφολογιώτατος ἔρχεται κατὰ 'μᾶς.

ΠΟΙΗΤ. Καλῶς τὰ 'δέχθηκες μὲ τὴν ὑπομονή σου! ἐγὼ δὲν θέλω λόγια μ' αὐτόν. Κοίτα πῶς τρέχει! Τὸ πηγούνι του σηκώνει τὴν ἄκρη, ὡσὰν νὰ ἤθελε νὰ ἑνωθῇ μὲ τὴ μύτη. Ὢ νὰ ἐγένονταν ἡ ἕνωσι, καὶ τόσο σφιχτή, 'πού νὰ μὴν μπορῇ πλέον ν' ἀνοίξῃ τὸ στόμα του, γιὰ νὰ φωτίσῃ τὸ γένος!

ΣΟΦ. Ἔφαγα τὸν κόσμο, φίλτατε, γιὰ νὰ σ' εὕρω· ἔτρεχα, ὅπως εἶναι τὸ χρέος ἑνὸς καλοῦ πατριώτη νὰ τρέχει, ὅταν εἶναι εἰς κίνδυνον ἡ δόξα τοῦ γένους· ἕνα βιβλίο θέλει τυπωθῇ 'γλήγορα, γραμμένο εἰς τὴ γλῶσσα τοῦ λαοῦ τῆς Ἑλλάδας, ὁποῦ λέγει κακὸ γιὰ 'μᾶς τοὺς σοφούς, καὶ μοῦ κακοφαίνεται.

ΦΙΛ. Γιατί σοῦ κακοφαίνεται;

ΣΟΦ. Γιατὶ πολλὰ μυαλὰ εἶναι σωστά, καὶ πολλὰ ὄχι· καὶ ὅσα δὲν εἶναι σωστά, ἠμπορεῖ νὰ ἀπατηθοῦν. Εἶναι τόσοι χρόνοι ὁποῦ σπουδάζω γιὰ τὸ κοινὸν ὄφελος τῆς πατρίδας μου, καὶ δὲν ἐπιθυμοῦσα νὰ ἔβγουν ἄλλοι νὰ μοῦ τυφλώσουν τοὺς ἀνθρώπους. Ἦλθα σ' ἐσέ, ὁποῦ εἶσαι σοφὸς καὶ σύ, γιὰ νὰ ἑνωθοῦμε μὲ ὅσους συλλογίζονται καλά, καὶ νὰ καταπλακώσουμε αὐτὸν τὸν βάρβαρον συγγραφέα.

ΦΙΛ. Καὶ ποῖος εἶναι ὁ συγγραφέας;

ΣΟΦ. Δὲν μοῦ εἶπαν τ' ὄνομά του· μοῦ εἶπαν 'πὼς εἶναι ἕνας νέος, ὁ ὁποῖος γιὰ τὴν κοινὴ γλῶσσα βαστάει πάντα τὸ σπαθὶ στο χέρι, καί, ἀπὸ τὴ μάνητα τὴ μεγάλη, ἠμποροῦμε νὰ 'ποῦμε 'πὼς ἐκαταστήθηκε ἄλλος Αἴας μαστιγοφόρος.

ΠΟΙΗΤ. Λοιπὸν πάρε τὰ μέτρα σου, μὴ λάχῃ καὶ στον θυμό του σκοτώσῃ πρόβατα καὶ αὐτός, καὶ ἐντροπιασθῇ.

ΣΟΦ. Ἂς ἐντροπιασθῇ· γι' αὐτὸν δὲν μὲ μέλει· μὲ μέλει γιὰ τὸ κοινὸν ὄφελος.

ΠΟΙΗΤ. Καὶ τί ὄφελος;

ΣΟΦ. Ἡ γλῶσσα σοῦ φαίνεται ᾿λίγη ὠφέλεια; μὲ τὴ γλῶσσα θὰ διδάξῃς τὸ κάθε πρᾶγμα· λοιπὸν πρέπει νὰ διδάξῃς πρῶτα τὲς ὀρθὲς λέξεις.

ΠΟΙΗΤ. Σοφολογιώτατε, τὲς λέξες ὁ συγγραφέας δὲν τὲς διδάσκει, μάλιστα τὲς μαθαίνει ἀπὸ τοῦ λαοῦ τὸ στόμα· αὐτὸ τὸ ᾿ξέρουν καὶ τὰ παιδιά.

ΣΟΦ. (Μὲ μεγάλη φωνή). Γνωρίζεις τὰ Ἑλληνικά, Κύριε; τὰ γνωρίζεις, τὰ ἐσπούδαξες ἀπὸ μικρός;

ΠΟΙΗΤ. (Μὲ μεγαλύτερη). Γνωρίζεις τοὺς Ἕλληνας, Κύριε; τοὺς γνωρίζεις, τοὺς ἐσπούδαξες ἀπὸ μικρός;

ΦΙΛ. Ἀδέλφια, μὴν ἀρχινᾶτε νὰ φωνάζετε, γιατὶ βρισκόμασθε εἰς τὸ δρόμο, καὶ ἡ ἀληθινὴ σοφία λέει τὸ δίκαιόν της μὲ μεγαλοπρέπεια, καὶ χωρὶς θυμούς.

ΣΟΦ. (Χαμηλώνοντας τὴ φωνὴ καὶ προσπαθώντας νὰ φανῇ μεγαλόπρεπος). Ἀλήθεια, φίλε· ἔτσι ἔκανε καὶ ὁ Σωκράτης.

ΠΟΙΗΤ. Ἀπαράλλαχτα! Θυμήσου τὸ ὄνομα, γιατὶ ἠμπορεῖ νὰ χρειασθῇ. Ὡστόσο σοῦ ξαναλέγω ὅτι ὁ διδάσκαλος τῶν λέξεων εἶναι ὁ λαός.

ΣΟΦ. Τοῦτο μοῦ φαίνεται πολὺ παράξενο· ἕνας ἀπὸ τοὺς σοφώτερους τοῦ ἔθνους μας ἔγραψε ὅτι, γιὰ νὰ γράφουμε μὲ τὰ λόγια τοῦ λαοῦ, πρέπει καὶ μὲ τοὺς στοχασμοὺς τοῦ λαοῦ νὰ συλλογιζώμασθε.

ΠΟΙΗΤ. Αὐτὰ εἶναι τέκνα στραβόκορμα ἑνὸς πατέρα εὐμορφότατου. Ὁ Κονδιλλιὰκ εἶχε ᾿πεῖ ᾿πὼς ἡ λέξι εἶναι τὸ σημεῖο τῆς ἰδέας· δὲν ἐφαντάσθηκε ὅμως ποτὲ ᾿πὼς ὅσοι ἔχουν τὲς ἴδιες λέξες ἔχουν τοὺς ἴδιους στοχασμούς· τὰ νομίσματα εἰς τὸν τόπον, εἰς τὸν ὁποῖον ζῇς, ἔχουν τὴν ἴδια τιμή· μ᾿ ὅλον τοῦτο εἰς τὰ χέρια μου δὲν ἀξίζουν, γιατὶ δὲν ἠξέρω νὰ τὰ ξοδιάζω, εἰς τὰ χέρια σου ἀξίζουν ὀλίγον περισσότερο, γιατὶ ἠξέρεις καὶ τὰ οἰκονομεῖς, καὶ εἰς τὰ χέρια ἑνὸς τρίτου εἰς ὀλίγον καιρὸ πληθαίνουν. Ἂν ἦταν αὐτὸ ἀληθινό, ὅλοι οἱ ἄνθρωποι ἑνὸς τόπου ἔπρεπε νὰ ἔχουν τοὺς ἴδιους στοχασμούς· διαφέρουν ὅμως εἰς αὐτούς, ὅπως διαφέρουν εἰς τὲς φυσιογνωμίες· καὶ ἂν κατὰ δυστυχίαν τοῦ γένους κανένας Σοφολογιώτατος

145

ἐτρελλαινότουν, εἶναι πιθανὸ νὰ ἐξεθύμαινε τὴν τρέλλα του μὲ τὰ ἴδια λόγια, ὁποῦ ἦτο συνειθισμένος νὰ λαλῆ· καὶ γιὰ τοῦτο εἶναι σωστὸ πρᾶγμα νὰ 'πῶ, ὅτι συλλογίζεται ὡσὰν κ' ἐσένα;

ΣΟΦ. Σ' τοῦτο τὸ στερνό, φρόνιμα ὡμίλησες· τὲς λέξες ὅμως τοῦ λαοῦ νὰ μεταχειριζόμασθε εἶναι ἄγνωστο πρᾶγμα.

ΠΟΙΗΤ. Τὸ ἐνάντιο εἶναι ἄγνωστο. Εἰς τὶ περίστασες βρισκόμασθε, εἰς τὶ περίστασες βρίσκεται ἡ γλῶσσα μας; Ἐβγῆκε ἀκόμα κανένας μεγάλος συγγραφέας νὰ μᾶς εἶναι παράδειγμα, ὁ ὁποῖος νὰ εὐγένισε ἀληθινὰ τὰ λόγια της, ζωγραφίζοντας μὲ αὐτὰ εἰκόνες καὶ πάθη;

ΣΟΦ. ... 'σὰν τὸν Ὅμηρο, ὄχι βέβαια..

ΠΟΙΗΤ. Πολὺ 'ψηλὰ ἐπήδησες, φίλε. Πές μου λοιπὸν πῶς πρέπει νὰ πορευθοῦμε;

ΣΟΦ. Πρέπει νὰ τρέξουμε εἰς τὲς μορφὲς τῶν ἑλληνικῶν λέξεων, καὶ νὰ πάρουμε ὅσες ἠμποροῦμε, καὶ κάποιες ἀπὸ τὲς δικές μας, ὁποῦ δὲν εἶχαν οἱ Παλαιοί, νὰ τὲς σύρουμε στην παλαιὰ μορφή.

ΠΟΙΗΤ. Γιατί;

ΣΟΦ. Γιατὶ αὐτὲς οἱ λέξες εἶναι εὐγενικότερες.

ΠΟΙΗΤ. Πες τὴν ἀλήθεια, εἶναι ἄβλαβη ἡ συνείδησί σου, ἐνῷ μοῦ λὲς τέτοια;

ΣΟΦ. Ἄβλαβη, μὰ τὴν ἀγάπη τοῦ Ἑλικῶνος!

ΠΟΙΗΤ. Φριχτότατος ὅρκος! καὶ βεβαιώσου 'πῶς μοῦ ταράζει τὰ σωθικά. Ἐγὼ σοῦ λέγω ὡστόσο, 'πῶς ἔχεις πλακωμένην τὴν κρίσιν ἀπὸ τὸν κόπον, ὁποῦ ἔκαμες, γιὰ νὰ τὲς μάθης, καὶ ἐπειδὴ παρατηρῶ 'πῶς ἐσεῖς ὅλοι ἐλπίζετε νὰ φωτίστε τὸ γένος μὲ τὸ ἀλφαβητάρι στὸ χέρι, σ' ἐρωτῶ ποῖο ἀλφαβητάρι εἶναι εὐγενικώτερο τὸ 'δικό μας, ἢ τὸ ἰταλικό;

ΣΟΦ. Ὅσο γιὰ τοῦτο... τὰ γράμματα κάθε ἀλφαβηταριοῦ ἔχουν τὴν ἴδιαν εὐγένεια.

ΠΟΙΗΤ. Ἤγουν δὲν ἔχουν καμμίαν ἀφ' ἑαυτοῦ τους. Ὅταν εἶναι σκόρπια καὶ ἀνακατωμένα, τί δηλοῦν; ἔρχεται ὁ τυπογράφος, τὰ διαλέει, τὰ βάνει εἰς τάξι, καὶ τὸ μάτι διαβάζει· Οὐρανός, Μᾶρκος Μπότσαρις, Σοφολογιώτατος. Εἰς τὴν πρώτη λέξι, σκύφτω τὸ κεφάλι μου, ἀναδακρύζω στὴ δεύτερη, καὶ εἰς τὴν τρίτη, γελῶ γιὰ χρόνους. τὸ ἴδιο ᾿πὲς γιὰ τὲς λέξες· ἡ εὐγένειά τους κρέμεται ἀπὸ τὴν τέχνη, μὲ τὴν ὁποίαν τὲς μεταχειρίζεσαι.

ΣΟΦ. Ὅποιαν τέχνην καὶ ἂν μεταχειρισθῇς, οἱ λέξες τῆς τωρινῆς Ἑλλάδας εἶναι διεφθαρμένες... Τὶ μὲ κοιτάζεις χωρὶς νὰ ὁμιλῇς;

ΠΟΙΗΤ. Κοιτάζω τὲς ἄσπρες τρίχες τῆς κεφαλῆς σου.

ΣΟΦ. Ἀμμὴ τί ἔχουν νὰ κάμουν μὲ τὲς λέξες;

ΠΟΙΗΤ. Ἔχουν νὰ κάμουν μὲ τὸν καιρό. Ὁ καιρός, ὁποῦ ἄρχισε νὰ σοῦ κάνῃ σεβάσμια τὰ μαλλιά, διαφθείρει ὅλα τὰ πράγματα τοῦ κόσμου, καὶ τὲς γλῶσσες ἀκόμα, καὶ ἡσύχασε.

ΣΟΦ. Τὶ εὐγένεια ἠμποροῦν νὰ ἔξουν οἱ λέξες μας, ἂν εἶναι διεφθαρμένες;

ΠΟΙΗΤ. Τὴν εὐγένειαν, ὁποῦ εἶχαν οἱ ἀγγλικές, πρὶν γράψῃ ὁ Σέϊκσπηρ, ὁποῦ εἶχαν οἱ γαλλικές, πρὶν γράψῃ ὁ Ρασίν, ὁποῦ εἶχαν οἱ ἑλληνικές, πρὶν γράψῃ ὁ Ὅμηρος, καὶ ὅλοι τους ἔγραψαν τὲς λέξες τοῦ καιροῦ τους. Κάθε γλῶσσα πρέπει ἐξ ἀνάγκης νὰ ἔχη λέξες ἀπὸ ἄλλες γλῶσσες· καὶ ἡ εὐγένεια τῶν γλωσσῶν εἶναι ὡσὰν τὴν εὐγένεια τῶν ἀνθρώπων· εὐγενὴς ἐσύ, εὐγενὴς ὁ πατέρας σου, ὁ πάππος σου εὐγενής, ἀλλὰ πηγαίνοντας ἐμπρὸς βρίσκεις βέβαια τὸν ἄνθρωπον, ὁποῦ ἔπαιζε τὴ φλογέρα βόσκοντας πρόβατα.

ΣΟΦ. Ἐγὼ δὲν λέγω νὰ γράφουμε καθαυτὸ ἑλληνικά, ἀγκαλὰ ἔπρεπε νὰ κάνουμε χίλιες εὐχὲς γιὰ νὰ ξαναζήσουν ἐκεῖνα τὰ λόγια.

ΠΟΙΗΤ. Ἐγὼ δὲν κάνω καμμία, γιὰ νὰ μὴν χάνω καιρό· καὶ τὴ ζωὴ τοῦ Ματουσάλα νὰ ἤμουν βέβαιος ᾿πὼς θὰ ζήσω, δὲν ἄνοιγα στόμα γιὰ τέτοιες εὐχές, οἱ ὁποῖες φέρνουν τὸ ἴδιο ὄφελος, ὁποῦ φέρνουν τὰ κλάϊματα στὰ σώματα τῶν νεκρῶν. Οἱ εὐχές, ὁποῦ κάνω εἶναι γιὰ νὰ ξαναζήση ἡ σοφία, καὶ ἡ σοφία δὲν θέλει ξαναζήση ποτέ, ὅσο γράφεται μὲ τὸν τρόπον τὸν ἐδικόν σας. Ἔλαβα πάντα τὴ δυστυχία νὰ στοχάζωμαι μὲ τὸν Σωκράτη τὲς λέξες ὡσὰν τὲς σφυριές· τὸ αὐτί σου Πυθαγορίζει στὲς παλαιές, τὸ δικό μου καὶ τοῦ γένους στὲς τωρινές.

ΣΟΦ. Καὶ ποῖος ἠμπορεῖ νὰ μοῦ ἐμποδίσῃ νὰ διορθώσω, καθὼς θέλει ὁ Κοραῆς, τὲς λέξες μας μὲ τὰ σχήματα τῆς παλαιᾶς;

ΠΟΙΗΤ. Γιὰ ποῖο δίκαιο θέλεις νὰ κάμῃς τέτοια διόρθωσι;

ΣΟΦ. Γιατὶ ἡ διόρθωσι μιᾶς γλώσσας νέας πρέπει νὰ γείνη μὲ τὴν ὁδηγία τῆς μητρός της· ὅλη ἡ Ἑλλάδα λέγει μ ά τ ι, ἐμεῖς πρέπει νὰ διορθώσουμε, καὶ νὰ ᾽ποῦμε ὀ μ μ ά τ ι ο ν · λέγει κρεββάτι, πρέπει νὰ ᾽ποῦμεκ ρ ε β β ά τ ι ο ν.

ΠΟΙΗΤ. Ἡ πρόταση αὕτη ὁμοιάζει τὴν τρέλλαν κάποιων ἀνθρώπων, ὁποῦ ἔχουν τὰ φαινόμενα τῆς φρονιμάδας.

ΣΟΦ. Τὶ ἐννοεῖς νὰ ᾽πῇς;

ΠΟΙΗΤ. Ἐννοῶ νὰ εἰπῶ, ὅτι μ᾽ ὅλον ᾽ποὺ ἡ πρότασι φαίνεται ᾽πὼς περιέχει κάποιο δικαίωμα, ἂν τὴν ᾽ξετάξῃς καλά, δὲν περιέχει κανένα, καὶ εἶναι ἐνάντια εἰς τὰ παραδείγματα τῶν ἄλλων ἐθνῶν.

ΣΟΦ. Τοῦτο ἐπιθυμῶ νὰ μοῦ ἀποδείξῃς.

ΠΟΙΗΤ. Μετὰ χαρᾶς· καὶ τόσο προθυμότερα σοῦ τὸ ἀποδείχνω, ὅσο συλλογίζομαι ᾽πὼς τοῦτο εἶναι τὸ πρῶτο θεμέλιο, εἰς τὸ ὁποῖο ὑψώνεται τὸ μεγάλο χτίριο τῆς γλώσσας σας, ἡ ὁποία, μὲ τὸ θέλημά σου, εἶναι βαρβαρώτατη, ὅπως θέλει σοῦ τὸ ἀποδείξω εἰς τὸ ἑξῆς. Ἡ διαφθορὰ τῆς μορφῆς τῶν λέξεων, λέγει ὁ Γιβελέν, εἶναι τριῶν λογιῶν· ἢ ἀλλάχνουν τὰ φωνήεντα, ἢ ἀλλάχνουν τὰ σύμφωνα, ἢ ἀλλάχνουν τοποθεσία τὰ ψηφία, ὁποῦ συνθέτουν μίαν λέξι. Τοῦτο γίνεται εἰς κάθε γλῶσσα, ὁποῦ γεννιέται ἀπὸ ἄλλην. Παρατήρησε τὴ γλῶσσα τῶν Λατίνων, τὴ γλῶσσα τῶν Ἰσπανῶν, τὴ γλῶσσα τῶν Γάλλων, τὴ γλῶσσα τῶν Ἰταλῶν. Σύγκρινέ τες μὲ τὴ γλῶσσα ᾽ποὺ τὲς ἐγέννησε, καὶ θέλει ἰδῇς φανερώτατην τὴν ἀλήθειαν, ὁποῦ σοῦ λέγω. Τώρα ἂς πάρουμε τὸν πρῶτο στίχο τοῦ Δάντη, καὶ ἂς τὸν διορθώσουμε κατὰ τὸν τρόπο, ὁποῦ σεῖς ἀποφασίσετε νὰ μεταχειρισθῆτε· Nel mezzo del cammin i nostra vita. Ἡ ἰταλικὴ γλῶσσα δὲν εἶναι καθαυτὸ θυγατέρα τῆς Λατινικῆς, εἶναι

ἐγγονή της· ἂς κάμουμε τὴ διόρθωσι μὲ τὴν ἰδίαν ἐπιδεξιότητα,
μὲ τὴν ὁποία τὴν κάνετε ἐσεῖς εἰς τὴ γλῶσσα σας· Nel, εἶναι
βάρβαρο, πρέπει νὰ ΄ποῦμε in, - mezzo, ΄κεῖνα τὰ δύο zz εἶναι
βάρβαρα, πρέπει νὰ ΄ποῦμε medio. - Del, τίποτες. - Cammin,
κάθου γύρευε πόθεν ἔρχεται· ἀλλὰ θέλει μεγαλοψυχία· ἂς τὸ
λατινίσουμε· Cammini. - nostra, πρέπει νὰ ΄ποῦμε nostrae. - vita,
πρέπει νὰ ΄ποῦμε vitae. νά, διορθωμένος ὁ στίχος καὶ φωτισμένο
τὸ γένος! In medio cammini nostrae vitae.

ΣΟΦ. Τοῦτο εἶναι γελοῖον.

ΠΟΙΗΤ. Καὶ τὰ ΄δικά σας τάχα ἀλλοιώτικα εἶναι; Εἶναι
ἀπαράλλαχτα τὰ ἴδια. Καὶ τόσον ἀνόητος ἦταν ὁ Δάντης νὰ μὴν
ἠξεύρῃ καὶ αὐτὸς κατ΄ ἀναλογία νὰ κάμη στὴ γλῶσσα του
τέτοια διόρθωσι; Οἱ στίχοι του οἱ λατινικοὶ δὲν εἶναι βέβαια
εὔμορφοι, ὅπως μὲ τὸν Βιργίλιο, ὁποῦ ὅλον τὸν εἶχε στο νοῦ του,
δὲν ἤθελε πολὺ τέτοιες διόρθωσες νὰ τὲς κάμη. Γιατὶ δὲν τὲς
ἔκαμαν οἱ Γάλλοι; γιατὶ δὲν τὲς ἔκαμαν οἱ Λατῖνοι; Καὶ πῶς
ἠμπορούσαν νὰ τὲς κάμουν; Ἂς πάρουμε τὴν ὕστερη λέξι, καὶ ἂς
ἰδοῦμε ἂν ἠμπορῆ ποτὲ νὰ ξεβαρβαρωθῆ. Εἴπαμε v i t a e , ἀντὶ
γιὰ v i t a · ἀλλὰ ἐξεβαρβαρώθηκε εἰς τέτοιον τρόπο; Ὄχι,
Σοφολογιώτατε· ἡ μορφὴ τῆς λέξης ἔπεσε ἀπὸ μίαν
βαρβαρότητα εἰς ἄλλην· τὸ vitae εἶναι διεφθαρμένο καὶ αὐτὸ
ἀπὸ τὸ θαυμαστό σου τὸ β ί ο ς , τὸ ἑλληνικό· τὸ β ί ο ς λοιπὸν
εἶναι ἡ πρωτότυπη μορφή, Καὶ ἡ ἀληθινὰ εὐγενική; Ποῖος τὸ
εἶπε; Ποῖος ξεύρει νὰ σοῦ τὸ ΄πῆ; τὸ ὄ φ ι ς , τὸ ὁποῖο βέβαια τὸ
στοχάζεσαι εὐγενικώτερο ἀπὸ τὸ φ ί δ ι , τὸ ὄ φ ι ς λέγω, μὲ
τόσες ἄλλες λέξες, δὲν εἶναι μήτε ἑλληνικό, γιατὶ τὸ ο φ εἶναι
ξένο, καὶ μοναχὰ ἡ κατάληξί του εἶναι ἑλληνική· Καὶ ἔτσι καθὼς
βλέπεις, Σοφολογιότατε, ἀγάλια, ἀγάλια, ἐγὼ σὲ στενεύω νὰ
ὁμιλήσῃς τοῦ Ἀδὰμ τὴ γλῶσσα, καὶ ἠμπορῆς νὰ μοῦ ψάλῃς μὲ
τὸν Δάντη: La lingua ch΄io parlai fu tutta spenta⁴· γιατὶ ἐγὼ σοῦ
ἀποκραίνομαι: ὁμίλειε μὲ τὰ νοήματα, γιὰ νὰ μὴ βαρβαρίζῃς!

ΣΟΦ. ...λοιπόν;

ΠΟΙΗΤ. Λοιπὸν τοῦ λαοῦ τῆς Ἑλλάδας ὅλες τὲς λέξες...

ΣΟΦ. (κοκκινίζοντας). Πάντα τὸν λαὸ μοῦ βγάνεις ἔξω γιὰ
διδάσκαλο! ποῖος τὸ εἶπε ποτέ!

ΠΟΙΗΤ. Πολλοὶ τὸ εἶπαν, πολλοί. Ὁ Βάκων λέγει, δὲν θυμοῦμαι εἰς τὶ μέρος, ὅτι εἶναι κάποιοι ἄνθρωποι, οἱ ὁποῖοι στοχάζονται ῾πὼς τὰ πράγματα εἰπώθηκαν ὅλα, καὶ ἐσὺ στοχάζεσαι ῾πὼς δὲν εἰπώθηκε τίποτε.

ΣΟΦ. Σὲ παρακαλῶ νὰ μοῦ ῾πῆς ποῖος τὸ εἶπε;

ΠΟΙΗΤ. Ἄκουε, Σοφολογιώτατε, Καὶ τρόμαξε· Is qui omnium eruditorum testimonio totiusque iudicio Graeciae cum prudentia et acumine et venustate et subtilitate tum vero eloquentiae (ἄκους Σοφολογιώτατε; eloquentiae), varietate, copia, quam se cumque in partem dedisset omnium fuit facile princeps[5].

ΣΟΦ. Ποῖος; ῾πές μου ποῖος, νὰ ἡσυχάσουμε.

ΠΟΙΗΤ. Θυμήσου τὸ ὄνομα, ὁποῦ ἐμελέτησες προτήτερα, γιατὶ τώρα χρειάζεται.

ΣΟΦ. Ποῖος, ὁ Σωκράτης;

ΠΟΙΗΤ. Ὁ ἴδιος· καὶ ἐπειδὴ σὲ βλέπω καὶ ἀχνίζεις εἰς τ᾽ ὄνομά του, νὰ σὲ θερίσω καὶ μὲ τὰ λόγια του[6]·

«Ἀ λ κ . Οἶμαι ἔγωγε· ἀλλὰ γοῦν πολλὰ οἷοί τ᾽ εἰσὶν (οἱ πολλοὶ) διδάσκειν σπουδαιότερα τοῦ πεττεύειν. - Σ ω κ . Ποῖα ταῦτα; - Ἀ λ κ . Οἷον καὶ τὸ ἑλληνίζειν παρὰ τούτων ἔγωγε ἔμαθον· καὶ οὐκ ἂν ἔχοιμι ἐμαυτοῦ εἰπεῖν διδάσκαλον, ἀλλ᾽ εἰς αὐτοὺς ἀναφέρω, οὓς σὺ φῇς οὐ σπουδαίους εἶναι διδασκάλους. - Σ ω κ . Ἀλλ᾽ ὦ γενναῖε, τούτου μὲν ἀγαθοὶ διδάσκαλοι οἱ πολλοί, καὶ δικαίως ἐπαινοῖντ᾽ ἂν αὐτῶν εἰς διδασκαλίαν. - Ἀ λ κ . Τί δή; - Σ ω κ . Ὅτι ἔχουσι περὶ αὐτά, ἃ χρὴ τοὺς ἀγαθοὺς διδασκάλους ἔχειν.»

ΣΟΦ. ...Μὴ λάχη καὶ ἐννοεῖ τίποτε ἄλλο;

ΠΟΙΗΤ. Ἐσύ, ὁποῦ εἶσαι ἑλληνιστής, μοῦ κανεὶς ἐμὲ τέτοια ἐρωτήματα; εἶναι δουλειὰ ῾δική σου.

ΣΟΦ. Δὲν σοῦ λέγω τὸ ἐναντίο... Εὐμορφότατα λόγια!

ΠΟΙΗΤ. Εὐμορφότατο νόημα! Ναί, εὐμορφότατο νόημα: Ἀμμὴ τί ἤθελες; νὰ γράφῃ τὲς λέξες τῆς κεφαλῆς του καθένας; μὲ ποῖο δικαίωμα; μὲ τὸ δικαίωμα, ῾που δίνει τὸ πνεῦμα καὶ ἡ μάθηση; Καλό, λοιπόν· ἕνας, ὁποῦ ἔχει πνεῦμα καὶ μάθησι, φτειάνει

150

μορφὲς λέξεων καθὼς θελήσῃ, ἕνας ἄλλος κάνει, τὸ ἴδιο, ἕνας τρίτος κάνει χειρότερα, καὶ εἰς ὀλίγον καιρὸ δὲν ἔχουμε παρὰ σκοτάδια πυκνότατα. Γιὰ τοῦτο ἡ φύσι τῶν πραγμάτων ἠθέλησε νὰ γεννιοῦνται τὰ λόγια ἀπὸ τὸ στόμα ὄχι δύο καὶ τριῶν ἀνθρώπων, ἀλλὰ ἀπὸ τοῦ λαοῦ τὸ στόμα· καὶ ἡ φιλοσοφία ἀγροίκησε αὐτὴν τὴν θέλησί της, καὶ τὴν ἐκήρυξε στους ἀνθρώπους. Ὅσο μὲν γι᾽ αὐτό, ὁποῦ ὑποπτεύεσαι, ῾πὼς νὰ εἶναι ἄλλο τι ἀπ᾽ ὅ,τι σημαίνουν τὰ λόγια, γιὰ ν᾽ ἀφήσῃς κάθε ἀμφιβολία νὰ σοῦ ῾πῶ πόσοι Κλασικοὶ ἐξαναεῖπαν τὸ ἴδιο πρᾶγμα.

ΣΟΦ. Ὄχι, ὄχι, μὴ μελετήσῃς κανέναν, γιατὶ ὁ Πλάτων ἀξίζει γιὰ ὅλους τους, καὶ γιὰ ὅσους θὰ γεννηθοῦν.

ΠΟΙΗΤ. Δικαία κρίσι· ἀλλὰ ἡ προφητεία τὴν ὑπερβαίνει.

ΣΟΦ. Ἐγὼ πιστεύω τοῦ Πλάτωνος, περσότερο ἀπὸ ὅσα δικαιωματα ἠμπορεῖ κανεὶς νὰ προβάλη παρὰ νὰ ἀμφιβάλλω στὰ λόγια του, κάλλιο νὰ τρελλαθῶ, καὶ ἤθελε τωόντι τρελλαθῶ, ἂν ἀμφίβαλλα. Ἀγκαλά... τέτοιο πρᾶγμα μοῦ κάνει μεγάλην ἀγανάχτησι στὴν ψυχή μου... Εἶσαι γενναῖος;

ΠΟΙΗΤ. Καὶ ἂν δὲν εἶμαι, — ἀκολουθώντας τὰ παραδείγματα τόσων ἄλλων, προσπαθῶ νὰ φαίνωμαι τέτοιος.

ΣΟΦ. Ὦ! εἶσαι τέτοιος βέβαια, εἶσαι τέτοιος!

ΠΟΙΗΤ. Εὐχαριστῶ, καὶ ἂς εἶναι ἡ πρώτη φορὰ ῾ποὺ μὲ βλέπεις.

ΣΟΦ. (ὁμιλώντας ἀγαλινά). Πιστεύεις ῾πὼς ὁ Πλάτων (Θεέ μου, συγχώρεσέ με!) ὁ Πλάτων, λέγω, ὁ ἴδιος, ὁποῦ τὸ εἶπε, πιστεύεις ῾πὼς ἔγραφε καθὼς ὁμιλεῖ ὁ λαός;

ΠΟΙΗΤ. Δὲν τὸ πιστεύω· καὶ ποῖος τὸ πιστεύει;

ΣΟΦ. Τὸ πιστεύουν ὅσοι εἶναι τῆς χυδαϊκῆς φατρίας.

ΠΟΙΗΤ. Στρεβλὸ πρᾶγμα.

ΣΟΦ. Τί ἔλεγες ἕως τώρα σὺ ὁ ἴδιος;

ΠΟΙΗΤ. Τίποτε ἀπὸ αὐτά. Ἐμεῖς δὲν εἴπαμεν ἀκόμη πὼς πρέπει νὰ γράφουμε τὴ γλῶσσα· ἕως τώρα, εἶπα, καὶ σοῦ ἀπόδειξα, ῾πὼς οἱ μορφὲς τῶν λέξεων, ὅταν εἶναι κοινές, δὲν εἶναι

151

ὑποκείμενες νὰ ἀλλάζωνται ἀπὸ κανέναν, μὲ πρόφασι διόρθωσης· καὶ τίποτε ἄλλο.

ΣΟΦ. Καὶ τὰ λόγια τοῦ Πλάτωνος γιατί μοῦ τὰ ἀνέφερες;

ΠΟΙΗΤ. Γιὰ νὰ καταπεισθῇς ᾽πὼς τὴ σημασία τῶν λέξεων ὁ λαὸς τὴν διδάσκει τοῦ συγγραφέα.

ΣΟΦ. Τὸ σύγγραμμα λοιπὸν θὰ εἶναι κάθε ἄλλο πρᾶγμα ἀπὸ τοῦ λαοῦ τὴν ὁμιλία.

ΠΟΙΗΤ. Ὄχι κάθε ἄλλο πρᾶγμα· ἐκεῖνο, ὁποῦ λέγει ὁ Βάκων γιὰ τὴ φύσι, δηλαδή, ᾽πὼς ὁ φιλόσοφος, γιὰ νὰ τὴν κυριέψῃ, πρέπει πρῶτα νὰ τῆς ὑποταχθῇ, ἠμπορεῖ κανεὶς νὰ τὸ ᾽πῇ γιὰ τὴ γλῶσσα· ὑποτάξου πρῶτα στὴ γλῶσσα τοῦ λαοῦ, καί, ἂν εἶσαι ἀρκετός, κυρίεψέ την.

ΣΟΦ. Αὐτὸ δὲν τὸ καταλαβαίνω πῶς γίνεται.

ΠΟΙΗΤ. Νά, πῶς γίνεται. Ἀπὸ τὰ παραδείγματα, ποὺ θέλει σοῦ ἀναφέρω, θέλει φανερωθῇ πὼς ὁ συγγραφέας πότε στὲς φράσες του ἀκολουθάει τὸν λαό, πότε ὄχι· πὼς ἡ μορφὴ τῶν λέξεων, ὁποῦ μεταχειρίζεται ὁ λαός, δὲν ἀλλάζεται ἀπὸ τὸν συγγραφέα· πὼς κάθε λέξι γιὰ νὰ λάβῃ εὐγένεια, δὲν χρειάζεται ἄλλο παρὰ ἡ τέχνη τοῦ συγγραφέα· ἂν παίρνω τὰ παραδείγματα ἀπὸ τοὺς ξένους, μὴ μὲ ἐλέγχῃς· γιατὶ τὸ φταίξιμο δὲν εἶναι δικό μου· Quando fui desto innanzi la dimane, pianger senti᾽ fra ᾽l sonno i miei figliuoli ch᾽eran con meco, e dimandar del pane[7]. Παρατήρησε, σὲ παρακαλῶ᾽ — τὸ θυμᾶσαι ὅλο ἐκεῖνο τὸ μεγάλο θαῦμα τῆς Τέχνης, τὸν Οὐγολῖνο; τοῦτα τὰ λόγια σου ἐγγίζουν τὴν ψυχή;

ΣΟΦ. Μάλιστα.

ΠΟΙΗΤ. Ἐδῶ δὲν εἶναι μεταφορὰ καμμία, ἐδῶ δὲν εἶναι καμμία φράσι δεινή, καὶ εἰς τούτους τοὺς τρεῖς στίχους ὁ Ποιητὴς ἀκολουθησε τὸν λαό· μάλιστα εἶναι καλὸ νὰ παρατηρήσουμε ᾽πὼς ἐκεῖνο τὸ con meco, ὁποῦ οἱ Ἰταλοὶ τὸ βρίσκουν σωστότατο, δὲν ἠμπορεῖ νὰ προέρχεται παρὰ ἀπὸ τὸν κοινὸ λαό, γιατὶ ὁ συγγραφέας ἀφ᾽ ἑαυτοῦ του δὲν τολμάει νὰ κάμη καὶ ὡς πρὸς τοῦτο, θυμήσου τὸ δῶ τοῦ Ὁμήρου[8], τὸ ca᾽ τοῦ Δάντη, καὶ ἄλλα τέτοια πλῆθος, καί, γιὰ νὰ πληροφορηθῇς ᾽πὼς ὁ συγγραφέας δὲν εἶναι ἐκεῖνος ὁποῦ τὰ πλάττει, βάλε καὶ ἐσύ, κατὰ μίμησιν, ἀντὶ γιὰ ψωμί, ψῶ, νὰ ἰδοῦμε τί ἀπόκρισι λαβαίνεις ἀπὸ τοὺς ἄλλους.

ΣΟΦ. Εἰς ποῖες περίστασες ὁ ποιητὴς δὲν ἀκολουθάει στὲς φράσες του τὸν λαό;

ΠΟΙΗΤ. Εἰς πολλές· ὅμως καὶ εἰς αὐτὲς πρέπει οἱ φράσες του νὰ ἔχουν καποίαν ἀναλογία μὲ τὲς ἄλλες, ὁποῦ ὑπάρχουν· ed essa e l'altre mossero a sua danza, e quasi velocissime faville, mi si velar di subita distanza[9]. — Στοὺς πρώτους δύο στίχους, οἱ φράσες τοῦ ποιητῆ εἶναι φράσες τοῦ λαοῦ, στὸν τρίτον ὄχι, καὶ ἔχει τέχνην καλὴν ἡ μορφὴ τῶν λεξεων, μ᾽ ὅλον τοῦτο εἶναι πάντοτε ἡ ἴδια — Io venni in loco d᾽ ogni luce muto[10] - αὐτὴ ἡ φράσι δὲν εἶναι τοῦ λαοῦ, τὰ λόγια ὅμως τὰ καταλαβαίνει, γιατὶ εἶναι ᾽δικά του.

ΣΟΦ. Δός μου κανένα παράδειγμα, γιὰ νὰ καταλάβω εἰς τί τρόπον οἱ λέξες, ὁποῦ φαίνονται χυδαϊκές, ἠμποροῦν νὰ εὐγενισθοῦν.

ΠΟΙΗΤ. Εὐθύς· ὄχι ποτὲ ἀλλάζοντας μορφή. Ἀλλὰ ᾽πές μου ἐσὺ πρῶτα, - sollevo, peccator, capo, pasto, forbendo, capelli, αὐτὰ τὰ λόγια σοῦ φαίνονται εὐγενικά;

ΣΟΦ. Τὰ τρία τὰ στερνὰ μοῦ φαίνονται πολὺ χυδαῖα.

ΠΟΙΗΤ. La bocca sollevo dal fiero pasto - quel peccator, forbendola a᾽ capelli - del capo ch'elli avea di retro guasto[11]. Τώρα ἐκεῖνο τὸ forbendo, ἐκεῖνο τὸ pasto σοῦ φέρνουν φρίκη ἢ ὄχι;

ΣΟΦ. —

ΠΟΙΗΤ. Νά, λοιπόν, ἂν ἔχης ψυχή, αἰσθάνεσαι ᾽πὼς ἔτσι μεταχειρισμένα τὰ λόγια δὲν εἶναι χυδαϊκά· ἂν δὲν ἔχης, μήτε τὰ φαντάσματα τῆς ποιήσεως βλέπεις, μήτε τὰ πάθη αἰσθάνεσαι, καὶ μὲ τὴν πρόληψι, ᾽ποὺ ἔχεις, τὰ λόγια σοῦ φαίνονται χυδαϊκά.

ΣΟΦ. Ἡ βάσι λοιπόν, εἰς τὴν ὁποίαν πρέπει νὰ καλλωπίσουμε τὴ γλῶσσα μας, ἀντὶ νὰ εἶναι ἡ ἑλληνική, θέλεις νὰ εἶναι ἡ τωρινή;

ΠΟΙΗΤ. Ἐξ ἀποφάσεως.

153

ΣΟΦ. Καὶ πῶς ἠμπορεῖ νὰ γείνη αὐτό; Εἶναι τόσες διάλεκτοι στην Ἑλλάδα καὶ δὲν ἀκουόμασθε ἀνάμεσώ μας.

ΠΟΙΗΤ. Πόσες διάλεκτοι; Πόσες; Κύττα καλά, μὴ σὲ ἀπατήση ἡ διαφορὰ τῆς προφορᾶς, ἐνῶ κρίνεις τὲς διαλέκτους τῆς Ἑλλάδας· δέκα λόγια, ὁποῦ ἐμεῖς ἔχουμε ἀλλοιώτικα ἀπὸ ῾κεῖνα, ὁποῦ ἔχουν εἰς τὸ Μοριά, τί πειράζουν; Ἔπειτα, ποῖες εἶναι τοῦτες οἱ μεγάλες διαφορές; Ἐμεῖς λέμε π α τ ε ρ ό, καὶ ἄλλοι λένε π ά τ ε ρ ο, ἐμεῖς λέμε μ α τ ί α, καὶ ἀλλοῦ λένε μ α τ ι ά, ἐμεῖς λέμε ἀ έ ρ α ς, καὶ ἀλλοῦ λένε ἀ γ έ ρ α ς, ἐμεῖς ἠ μ π ο ρ ο ῦ ν ε, καὶ ἀλλοῦ λένε ἠ μ π ο ρ ο ῦ ν · τὶ διαφορὲς εἶναι τοῦτες; δὲν ἀκουόμασθε ἀναμεσώ μας; ἄφησε νὰ τὸ λέγουν οἱ Ἰταλοί, οἱ ὁποῖοι ἀληθινὰ δὲν ἀκούονται. Ἔλαβες ξένον δοῦλον ποτέ;

ΣΟΦ. Τοὺς δούλους μου βγάνεις ἔξω;

ΠΟΙΗΤ. Ἀποκρίσου, γιατὶ δὲν ἠξέρεις ποῦ ἀποβλέπει ἡ ἐρώτησί μου.

ΣΟΦ. Ἔλαβα.

ΠΟΙΗΤ. Ὅταν ὠμιλοῦσαν τοὺς ἐκαταλάβαινες;

ΣΟΦ. —

ΠΟΙΗΤ. Ἀποκρίνομαι ἐγώ· ἐγὼ ἔλαβα δούλους ξένους, ἕναν ἀπὸ τὴ Μάνη, καὶ τὸν ἐκαταλάβαινα ἐξαίρετα· ἕναν ἀπὸ τὸ Γαστούνι, ἕναν ἀπὸ τὸν Ὄλυμπο, ἕναν ἀπὸ τὴ Χιό, ἕναν ἀπὸ τὴ Φιλιππούπολι, καὶ τοὺς ἐκαταλάβαινα ἐξαίρετα· ἄκουσα νὰ ὁμιλοῦν ἀνθρώπους ἀπὸ τὸ Μεσολόγγι, ἀπὸ τὴν Κωνσταντινούπολη καὶ τὰ λοιπά, καὶ τοὺς ἐκαταλάβαινα τόσο, ὁποῦ σχεδὸν ἔλεγα ὅπως εἶναι ἀπὸ τὸν τόπο μου.

ΣΟΦ. Ἀμμὴ αὐτοὶ ἦταν ἀμαθέστατοι ὅλοι.

ΠΟΙΗΤ. Ἦταν· καὶ ὁ Χριστόπουλος, ὁποῦ εἶναι κάθε ἄλλο παρὰ ἀμαθέστατος, γράφει μὲ τὲς λέξες αὐτῶν.

ΣΟΦ. Καὶ αὐτὲς οἱ λέξες...

ΠΟΙΗΤ. Καὶ αὐτὲς οἱ λέξες εἶναι οἱ ἴδιες, μὲ τὲς ὁποῖες βρίσκεις γραμμένη τὴ Β ο σ κ ο π ο ύ λ α, ποίημα, ὁποῦ δὲν εἶναι γυναῖκα νὰ μὴ γνωρίζω, καὶ ἔχει στὴ ράχη του χρόνους διακοσίους. Εἴδαμε τὰ Κλέφτικα τυπωμένα, καὶ γνωρίζουμε καὶ ἄλλα ἀπ᾽ αὐτά, καὶ ἐπαρατηρήσαμε ῾πὼς δὲν ἔχουν μία λέξι, ῾ποὺ νὰ μὴ σῴζεται στὴ Ζάκυνθο.

ΣΟΦ. Καὶ ἡ φτώχεια τῆς γλώσσας δὲν σοῦ φέρνει σύγχυσι καμμία;

ΠΟΙΗΤ. Πρῶτον μέν, δὲν ἄκουσα ποτὲ ῾πὼς ἡ φτώχεια μιᾶς γλώσσας εἶναι ἀρκετὸ δικαιολόγημα, γιὰ νὰ τὴν ἀλλάξουν οἱ σπουδαῖοι· δεύτερον δέ, ποῖος ἀποφάσισε ῾πὼς εἶναι φτωχή;

ΣΟΦ. Ὅλοι οἱ σοφοὶ τοῦ ἔθνους.

ΠΟΙΗΤ. Σοφοί; ἂς εἶναι· καὶ οἱ σοφοὶ δὲν σοῦ φαίνονται ῾πὼς ἠμποροῦν νὰ κάνουν λάθος;

ΣΟΦ. Εἶναι εὐκολώτερο νὰ λανθάνεσθε ἐσεῖς.

ΠΟΙΗΤ. Νὰ ἦταν τοῦτο ζήτημα σκοτεινὸ καὶ καινούριο, ἴσως· ἀλλὰ εἶναι καινούριο; εἰς τὴν ἐποχὴ τοῦ Δάντη δὲν ἐκινήθηκε κάτι παρόμοιο; ὅλοι οἱ σοφοί, καθὼς τοὺς κράζεις ἐσύ, ἐκείνου τοῦ καιροῦ, δὲν ἐκατάτρεξαν τὸν Δάντη; δὲν τοῦ ἔλεγαν ῾πὼς ἡ γλῶσσα εἶναι διεφθαρμένη, δυστυχισμένη, φτωχή, καὶ ῾πὼς δὲν εἶναι ἀξία νὰ τὴ γράψῃ ἄνθρωπος, ὁποῦ ἔχει σοφία; δὲν αὐθάδιασαν νὰ τὸν φωνάξουν ῾πὼς ἤπρεπε νὰ διπλώσουν μὲ τὰ συγγράμματά του τὸ πιπέρι; Τί λοιπὸν μοῦ φέρνεις ἔξω τοὺς σοφούς, γιὰ νὰ μὲ τρομάξῃς; δὲν εἶχαν εἰς τοῦτο περισσότερη γνῶσι ἀπὸ τοὺς φιλοσόφους οἱ χυδαῖοι ἄνθρωποι, οἱ ὁποῖοι ἐτραγουδοῦσαν στοὺς δρόμους τοὺς στίχους του; Εἶναι τώρα ἕνας στην Ιταλία ῾ποὺ νὰ μὴ σπουδάζῃ, γιὰ νὰ μάθῃ τὴ γλῶσσα τοῦ Δάντη;

* * *

ΣΟΦ. Ἐγὼ σὲ βεβαιώνω ὅτι πολεμῶ γιὰ τὴν ἀλήθεια, καὶ ὄχι γιὰ τίποτε ἄλλο.

ΠΟΙΗΤ. (Πιάνοντας φιλικὰ τὸ χέρι τοῦ Σοφ.) Τίμια λόγια σοῦ ἐβγῆκαν ἀπὸ τὸ στόμα· καὶ ἐγὼ καὶ ἐσὺ πολεμοῦμε γιὰ τὴν ἀλήθεια· ἀλλὰ συλλογίσου καλά, μήπως κυνηγώντας τὴν ἀλήθειαν εἰς ἐκεῖνον τὸν τρόπο, ἀπατηθῇς, σφίγγοντας εἰς τὸν κόρφο σου τὸ φάντασμά της. Ἔλα στὸ νοῦ σου, στοχάσου πόσο κακὸ κάνει ἡ γλῶσσα ῾ποὺ γράφετε· ὡς πότε θὰ ἀκολουθοῦν νὰ μᾶς κλαίγουν οἱ ξένοι, καὶ νὰ μᾶς ξαναθυμοῦν τὲς δόξες τῶν παλαιῶν μας, γιὰ νὰ μᾶς αὐξήσουν τὴν ἐντροπή· «Ἡ δ ά φ ν η κ α τ ε μ α ρ ά ν θ η », ἐφώναξε ὁ γενναῖος, πικρότατα καὶ ἀληθινὰ λογια! Ναί! ἀλοίμονον! ἡ δάφνη κατεμαράνθη!

Ἔρχεται ὁ ξένος καὶ βρίσκει ἀκόμη ζωντανὲς πολλὲς συνήθειες τῆς Ἰλιάδος· ἀκόμη οἱ γυναῖκες λέγουν τὰ μυρολόγια εἰς τὰ λείψανα, καὶ τὰ φιλοῦν· ἀκόμη ὁ γέρος στὴ δυστυχιά του χτυπάει τὸ μέτωπό του μὲ τὰ δυό του χέρια, καὶ τὰ σηκώνει στον οὐρανό, ΄σὰν νὰ ἤθελε νὰ τὸν ἐρωτήσῃ, γιατὶ ἔπεσε τέτοια συμφορὰ στο κεφάλι του· ἀκόμη γυμνώνει τὸ βυζί της ἡ μάνα καὶ ξαναθυμάει τοῦ παιδιοῦ της τὸ γάλα, ΄ποὺ τοῦ ἔδωσε· ἀκόμη ὁ δοῦλος κάνει ὅρκον εἰς τὸ ψωμί, ΄ποὺ τὸν ἔθρεψε. Ὅμως ὁ ξένος δὲν ἔχει ἄλλα ΄δικά μας νὰ μουρμουρίσῃ στὰ χείλια του παρὰ «Μ ῆ ν ι ν ἄ ο ι δ ε θ ε ά», γιατὶ ἡ δάφνη κατεμαράνθη. Καὶ τώρα, ΄ποὺ ξαναγίνεται νίκη στὸ Μαραθῶνα, δὲν σῴζεται φωνὴ ἀνθρώπου νὰ ξανακάμῃ στὴ γλῶσσα μας ὅρκον, «Μὰ τὲς ψυχές, ΄ποὺ ἐχάθηκαν πολεμώντας!» γιατὶ ἡ δάφνη κατεμαράνθη (ὁ ποιητὴς κλαίει).

ΣΟΦ. (γελάει) Σὲ παρακαλῶ νὰ θυμηθῆς τὰ λόγια τὰ πικρὰ ΄ποὺ μοῦ εἶπες.

ΠΟΙΗΤ. Συγχώρεσέ με· ἔχω εὔκολο τὸ χεῖλο καὶ δὲν ἔχω κακὴ τὴν καρδία· συγχώρεσέ με, σοῦ λέγω.

ΣΟΦ. Πὲς ΄πὼς τὰ ξαστόχησα ὅλα.

ΠΟΙΗΤ. Ὄχι ὅλα, ἀδελφὲ ἀγαπημένε, μὰ τὴ μνήμη τοῦ Μπότσαρι, μὴ τὰ ξαστοχήσῃς ὅλα! Τόσοι πατέρες ἔχουν εἰς τὴ διδασκαλία σου τὰ παιδιά τους, καὶ ἐλπίζουν νὰ τὰ κάμῃς ἀσπίδες τῆς πατρίδας, καὶ μὴν θέλῃς νὰ πάρῃς τὸ κρῖμα στο λαιμό σου. Δὲν εἶναι ἐντροπὴ νὰ φανερώσῃ ἄλλος ἄνθρωπος ΄πὼς ἔσφαλε, μάλιστα θέλη σ᾽ ἐπαινέσῃ κάθε γενναῖος, καὶ ἐγὼ σοῦ δίνω στὸ μέτωπο τὸ φιλὶ τῆς εἰρήνης.

ΣΟΦ. Ἐμεῖς, ἐμεῖς θέλει σηκώσουμε τοὺς στύλους τῆς γλώσσας, τώρα ΄ποὺ ἡ ἐλευθερία...

ΠΟΙΗΤ. Δὲν ὑποφέρεσαι πλέον! Ἐσεῖς, ἐσεῖς θέλει σηκώσετε τοὺς ἰδίους στύλους, ὅπου ἔστησε περνώντας ἀπὸ τὴν Παλαιστίνην ὁ Σέσωστρις! δὲν ὑποφέρεσαι πλέον! Ἐσὺ ὁμιλεῖς

γιὰ ἐλευθερία; Ἐσύ, ὅπου ἔχεις ἁλυσωμένον τὸν νοῦν σου ἀπὸ
ὅσες περισπωμένες ἐγράφθηκαν ἀπὸ τὴν ἐφεύρεσι τῆς
ὀρθογραφίας ἕως τώρα, ἐσὺ ὁμιλεῖς γιὰ ἐλευθερία; Εἴδαμε τὸ
ὄφελος, ὅπου ἐκάμετε μὲ τὰ φῶτα σας εἰς τὴν ἐπανάστασι τῆς
Ἑλλάδας· ἀκούσαμε ποιητάδες ἀνοήτους, ᾿που ἤθελαν νὰ
ἀθανατίσουν τοὺς Ἥρωες καὶ οἱ ᾿παινεμένοι Ἥρωες δὲν
ἐκαταλάβαιναν λέξι· ἀκούσαμε πεζοὺς σκοτεινόμυαλους, οἱ
ὁποῖοι ἐπροσπαθοῦσαν νὰ ἀνάψουν φλόγα πολέμου εἰς τὸν
λαό, καὶ ἀρχινοῦσαν μὲ τὴ λέξη Π ρ ο τ ρ ο π ή . Καὶ πῶς; ὁ
λαὸς τῆς Ῥώμης ἔτρεχε ν᾿ ἀκούσῃ τὸν Κικέρωνα, γιατὶ δὲν
ἐκαταλάβαινε τίποτε; γιατὶ δὲν ἐκαταλάβαινε τίποτε,
ἐδιώρθωνε ὁ λαὸς τὸν Δημοσθένη, ὁ ὁποῖος ἔπαιξε ἐπιταυτοῦ μὲ
τὴ λέξι σφαλμένη; γιατὶ δὲν ἐκαταλάβαινε τίποτε ἐθαύμασε,
ὅταν ἐδιάβασε τὴν Ἱστορία του ὁ Ἡρόδοτος, κ᾿ ἔκλαιγε ὡστόσο
ἀκούγοντάς την ὁ Θουκυδίδης, ὅπου ἦταν δεκατριῶν χρόνων;
καὶ γιατὶ δὲν ἐκαταλάβαιναν τίποτε, ἐκφωνοῦσαν οἱ
Σπαρτιάτες, τρέχοντας εἰς τὴν μάχη, τὰ πολεμικὰ τραγούδια
τοῦ Τυρταίου, καὶ αἰσθάνονταν τραγουδώντας καὶ ἄλλην ψυχὴ
μὲς στὰ στήθια τους; Ὦ νέοι συμμαθητάδες μου, πῶς ἠμπορεῖτε
νὰ λάβετε ποτὲ ἐλπίδα νὰ τραγουδήσουν καὶ τὰ ᾿δικά σας, ἐὰν
σᾶς τρυποῦν τ᾿ αὐτιὰ οἱ διδάσκαλοί σας μὲ β ρ ώ μ α τ α ,
μὲθ ο ύ ρ ι ο ν , καὶ μὲ παρόμοια; Ὦ Σοφολογιώτατοι! αὐτὰ
εἶναι τὰ μαθήματα, ὅπου τοὺς δίνετε, καὶ θέλετε νὰ τοὺς
φωτίσετε! τόσο κάνει νὰ τοὺς φωτίσετε μὲ μία φούχτα στάχτη
στὰ μάτια! Σᾶς δίνω ὅμως τὴν εἴδηση ὅτι ἐτέλειωσε τὸ βασίλειόν
σας εἰς τὴν Ἑλλάδα μὲ τῶν Τούρκων τὸ βασίλειο. Ἐτέλειωσε, καὶ
ἴσως ἀναθεματίστε τὴν ὥρα τῆς Ἐπαναστάσεως· ὄχι, ὄχι, ἡ
Εὐρώπη, ὅπου ἔχει προσηλωμένα εἰς ἐμᾶς τὰ μάτια της, γιὰ νὰ
ἴδῃ τὶ κάνουμε τώρα, ὅπου συντρίβουμε τὲς ἄλυσες τῆς
σκλαβιᾶς δὲν θέλει μας ἰδῇ ποτὲ νὰ ὑποταχθοῦμε εἰς τριάντα
τυράννους ξυλίνους!

ΦΙΛ. Σώπα γιατὶ μαζώνεται ὁ λαός.

ΠΟΙΗΤ. Δὲν μὲ μέλει, ἂς μαζωχθῇ· μάλιστα ἂς μαζωχθῇ ὁ λαὸς
τῆς Ἑλλάδας ὅλης, γιὰ νὰ τὸν ἀκούσῃ ὁ Σοφολογιώτατος πῶς
ὁμιλεῖ· ἂς μαζωχθῇ, γιὰ νὰ τὸν φωνάξω ὅσο δύναμαι
δυνατώτερα, πόσο εἶναι ἀδικημένος εἰς τὸ σκῆπτρο τῆς

γλώσσας, τὸ ὁποῖον τοῦ ἔδωκε ἡ φύσι. Ἐγνώρισε τὴ δύναμι
αὐτοῦ τοῦ σκήπτρου ὁ Σωκράτης, τὴν ἐγνώρισε ὁ Κικέρων, τὴν
ἐγνώρισε ὁ Σπερόνης, τὴν ἐγνώρισαν ὅλοι οἱ σοφοὶ κάθε
ἔθνους, καὶ κάθε καιροῦ, καὶ τοῦτος θέλει νὰ τὸ ἀδράξη ἀπὸ τὰ
χέρια του, νὰ τὸ τσακίση καὶ νὰ τοῦ δώση ἄλλο βρυκολακίστικο!

ΣΟΦ. Ἀλλά, Κύριε...

ΠΟΙΗΤ. Ἀλλά, Κύριε, δὲν θέλει τὸ τσακίσετε ποτέ· οἱ ἀνδρεῖοι
θέλει τὸ μεταχειρισθοῦν εἰς τὴν πλάτη σας, καθὼς ὁ Ὀδυσσέας
ἐμεταχειρίσθηκε τὸ δικό του εἰς τὴν πλάτη τοῦ Θερσίτη.

ΣΟΦ. Ἀλλά, Κύριε...

ΠΟΙΗΤ. Ἀλλά, Κύριε, δὲν ἠξέρεις τι συλλογίζεσαι. Νὰ ἀλλάξης
τὴ γλῶσσα ἑνὸς λαοῦ! Σῦρε, λοιπόν, τριγύρισε τὴν Ἑλλάδα,
σῦρε ναύρης τὴν κόρη, καὶ 'πές της μὲ τι λόγια πρέπει νὰ λέγη
ὅτι ἡ εὐμορφότερη εὐμορφία τοῦ κορμιοῦ της εἶναι ἡ τιμή· ἄμε
ναύρης τοὺς πολεμάρχους, ψηλάφησέ τους τὲς λαβωματιές, καὶ
πές τους ὅτι πρέπει νὰ τὲς λὲν τ ρ α ύ μ α τ α · ἄμε ναύρης τὸν
ἀσπρομάλλη, ὁ ὁποῖος θυμάται πόσον αἷμα μᾶς ἐρούφηξεν ὁ
Ἀλῆς, καὶ 'πές του μὲ τὶ λόγια πρέπει νὰ παρασταίνη βρέφη,
παρθένες, γέροντες ἀδικοσκοτωμένους ἑξήντα χιλιάδες· ἄμε
ναύρης τοὺς δυστυχέστατους Χιῶτες, οἱ ὁποῖοι παραδέρνουν
ἐδῶ κ᾽ ἐκεῖ, καὶ ὅταν κουρασθοῦν κάθονται, ἴσως, εἰς κανένα
ἔρημο ἀκρογιάλι καὶ ψάλλουν μὲ λόγια 'δικά τους, «ἐπὶ τὸν
ποταμὸν Βαβυλῶνος ἐκεῖ ἐκαθίσαμε καὶ ἐκλαύσαμε».

ΣΟΦ. Ἀλλά, Κύριε...

ΠΟΙΗΤ. Ἀλλά, Κύριε, δὲν σ᾽ ἀφίνω νὰ ὁμιλῆς πλέον. Ἄλλην
ἔγνοια, δὲν ἔχετε παρὰ νὰ διακονεύετε λέξες μὲ τὰ κεφάλια
σας· καὶ τὰ κεφάλια σας εἶναι ἄλαλα καὶ ξερά, ὡσὰν τὰ κρανία,
'ποὺ κοιμοῦνται στὰ χώματα. Θέλει ἄλλο παρὰ λέξες
διακονεμένες γιὰ νὰ ὠφελήσης ἕναν λαό, ὁ ὁποῖος πολεμάει γιὰ
τὴν ἐλευθερία, ὁποῦ ἔχασε ἀπὸ αἰῶνες, καὶ κάνει τέρατα! Εἶναι
δύο φλόγες, διδάσκαλε, μία στο νοῦ, ἄλλη στὴν καρδία,
ἀναμμένες ἀπὸ τὴ φύσι εἰς κάποιους ἀνθρώπους οἱ ὁποῖοι εἰς
διάφορες ἐποχὲς διαφορετικὰ μέσα μεταχειρίζονται γιὰ ν᾽
ἀπολαύσουν τὰ ἴδια ἀποτελέσματα· καὶ ἀπὸ τὴ γῆ πετιοῦνται
στον οὐρανό, καὶ ἀπὸ τὸν οὐρανὸ πετιοῦνται στον Ἄδη, καὶ

ζωγραφίζουν εἰκόνες καὶ πάθη, παρόμοια μ᾽ ἐκεῖνα, ὅπου εἶναι σπαρμένα ἀπὸ τὴ φύσι στον κόσμο· καὶ ἀγαποῦν καὶ σέβονται, καὶ λατρεύουν τὴν τέχνη τους, ὡσὰν τὸ πλέον ἀκριβὸ πρᾶγμα τῆς ζωῆς, καὶ ὁμοιώνονται μὲ τὰ συμβεβηκότα, ᾽ποὺ περιγράφουν, καὶ κάνουν τοὺς ἄλλους καὶ γελοῦν, καὶ κλαίουν, καὶ ἐλπίζουν, καὶ φοβοῦνται, καὶ δειλιάζουν, καὶ ἀνατριχιάζουν, καὶ δὲν ἀφίνουν ἀναίσθητες παρὰ τὲς πέτρες καὶ σέ.

ΣΟΦ. (Ὁμιλώντας ᾽γλήγορα). Καλά, καλά, ἀλλὰ ᾽λίγοι γνωρίζουν τὴν παλαιὰν ὀρθογραφία.

ΠΟΙΗΤ. Χαίρετε, λοιπῶν, θεῖοι τόνοι, ὀξεῖες, βαρεῖες, περισπωμένες! χαίρετε ψιλές, δασεῖες, στιγμές, μεσοστιγμές, ἐρωτηματικές, χαίρετε! Ὁ κόσμος τρέμει τὴ δύναμί σας, καὶ οὐδὲ ποιητής, οὐδὲ λογογράφος ἠμπορεῖ νὰ γράψῃ λέξι, χωρὶς πρῶτα νὰ σᾶς ὑποταχθῇ. Ἐσεῖς ἐμπνεύσετε, πρὶν γεννηθῆτε, τὸν Ὅμηρο, ὅταν ἐτραγουδοῦσε τὴν Ἰλιάδα, τὴν Ὀδύσσεια, τοὺς Ὕμνους, καὶ ὁ λαὸς τῆς Ἑλλάδας τὸν ἐπερικύκλωνε καὶ τὸν ἐκαταλάβαινε· ἐσεῖς τὸν ἐμπνεύσετε, ὅταν περιγράφῃ τὸν ἀποχαιρετισμὸ τοῦ Ἕκτορος εἰς τὴν Ἀνδρομάχη, καὶ τὸ τέκνο του τὸν φοβᾶται καὶ κρύβεται· ἐσεῖς τὸν ἐμπνεύσετε, ὅταν περιγράφῃ τὸν δυστυχισμένον βασιλέα τῆς Τρωάδας, ᾽που παγαίνει στον Ἀχιλλέα, καὶ πέφτει στὰ πόδια του, καὶ τοῦ φιλεῖ τὰ χέρια, ὅπου τοῦ εἶχαν ὀλίγο πρωτύτερα σκοτώσει τὸ ἀκριβώτερό του παιδί· ἐσεῖς ἐμπνεύσετε τὸν Δάντη, ὅταν ἐτραγουδοῦσε τὸν Οὐγολίνο μὲ μίαν δύναμι, ᾽ποὺ δὲν βρίσκω παρομοίαν εἰς ὅλη τὴν ποίησι τῶν παλαιῶν· ἐσεῖς τὸν Σέϊκσπηρ, ὅταν ἐπαράσταινε τὸν Λέαρ, τὸν Ἅμλετ, τὸν Ὀτέλλο, τὸν Μάκβεθ, καὶ ἀνατρίχιαζεν ὅλος ὁ κόσμος τῆς Ἀγγλίας· ἐσεῖς τὸν Ῥασίν, ἐσεῖς τὸν Γοέθ, ἐσεῖς τὸν Πίνδαρο, ὅπου ἦταν στενοχωρημένος ἀπὸ τοὺς σοφολογιώτατους τοῦ καιροῦ του νὰ τοὺς κράζη κοράκους. Κοράκοι, ὅλοι κοράκοι ἀληθινοί, καὶ χειρότεροι ἀπὸ τὸν κόρακα, ὅπου ἐβγῆκε ἀπὸ τὴν Κιβωτό, καὶ ἐθρεφότουν ἀπὸ τὰ λείψανα, ὅπου εἶχε ἀφήσει ὁ κατακλυσμὸς τοῦ Κόσμου.

ΣΟΦ. (κοιτάζει στὰ μάτια τὸν ποιητὴ καὶ φεύγει).

ΦΙΛ. Εἶμαι βέβαιος ὅτι τοῦ φαίνεται ᾿πὼς σ᾿ ἐχαιρέτησε, τόσο εἶναι καταζαλισμένος! δὲν ἠξέρει τὶ ν᾿ ἀποκριθῇ, ὅμως δὲν τὸν ἐκατάπεισες. Τρέχει νὰ ξαναπῇ ἀλλοῦ τί εἶναι γλῶσσα διεφθαρμένη.

ΠΟΙΗΤ. (Κυττάζοντας κατὰ τὸ Μοριᾶ). Ὁ ἥλιος ἔχει συναγμένες τὲς ὑστερινές του ἀχτίνες ἐκεῖ.

ΦΙΛ. Θυμήσου τὰ λόγια τῆς Θείας Γραφῆς· νὰ μὴ σ᾿ εὕρῃ θυμωμένον ὁ ἥλιος ὁποῦ πέφτει.

ΠΟΙΗΤ. Ἁγιώτατα λόγια! καὶ προσπαθῶ, στὴ ζωή μου, νὰ τὰ θυμοῦμαι, ὅσον δυνατὸν περισσότερο· ἀλλὰ κάθε φορά, ᾿ποὺ φιλονεικήσω μὲ τοὺς Σοφολογιώτατους, οἱ ὁποῖοι προσπαθοῦν νὰ τυφλώσουν τὸ γένος, τέτοια λόγια μοῦ βγαίνουν ὁλότελα ἀπὸ τὸ νοῦ.

ΦΙΛ. Ἔχεις προσηλωμένα τὰ μάτια σου ἐκεῖ, καὶ τόσο ἀναμμένος εἶσαι στὸ πρόσωπο, καὶ τόσο σοῦ τρέμουν τὰ μέλη, ὁποῦ φαίνεται ᾿πὼς ἑτοιμάζεσαι νὰ πᾶς ἐκεῖ πέρα νὰ πολεμήσῃς.

ΠΟΙΗΤ. Μοῦ πονεῖ ἡ ψυχή μου· οἱ δικοί μας χύνουν τὸ αἷμα τους ἀποκάτου ἀπὸ τὸ Σταυρό, γιὰ νὰ μᾶς κάμουν ἐλεύθερους, καὶ τοῦτος, καὶ ὅσοι τοῦ ὁμοιάζουν, πολεμοῦν, γι᾿ ἀνταμοιβή, νὰ τοὺς σηκώσουν τὴ γλῶσσα.

ΤΕΛΟΣ

Also Available from JiaHu Books

Πολιτεία – 9781909669482
The Early Dialogues – Apology to Lysis –
9781909669888
Ἰλιάς - 9781909669222
Ὀδύσσεια - 9781909669260
Ἀνάβασις - 9781909669321
Μήδεια – Βάκχαι – 9781909669765
Νεφέλαι – Λυσιστράτη – 9781909669956
Ἰστορίαι – 9781909669710
Ἐρωτόκριτος - 9781784350383

www.ingramcontent.com/pod-product-compliance
Lightning Source LLC
Chambersburg PA
CBHW032000040426

42448CB00006B/436